**Por Miguel Martin**

2011, 2014

# El Código De Toda Posibilidad

All rights reserved © 2014 Miguel Martin
13722 Vida Ln.
Dallas Texas, 75253

Reservados todos los derechos. Prohibida toda reproducción total o parcial en cualquier forma escrita o electrónica sin la debida autorización de los editores.

ISBN-13: 978-0692361917
ISBN-10: 069236191X

SERVICIOS, comentarios, información sobre el autor o preguntas puede hacerlo en www.miguelmartin.info y www.laverdadprofetica.com

# Dedicatoria

Este libro está dedicado a todo "Humano" que tiene el deseo de ser *algo grande en la vida* y no sabe cómo serlo. Este libro está escrito para ti, es una bendición del cielo para guiarte en el camino que han recorrido todos los que han disfrutado *vivir y ser* algo grandioso en esta vida.

# Agradecimientos:

A Dios por darme la bendición de poder escribir e inspirar a otros a vivir una vida con sentido. A mi familia, mi esposa Margarita por sus oportunos consejos. A Hector Acardi, Monica Molina, Hortensia Morales quienes con gusto dieron su tiempo para correcciones y sugerencias. Adrian Rusu por la portada.

# Índice

INTRODUCCIÓN

LA CAPACIDAD INAPLICADA …………………..10

OTRO PARADIGMA …………………………..21

EL PODER DE LA MENTE …………………….....37

EL PODER DEL PENSAMIENTO ………………..65

EL PODER DE LAS PREGUNTAS ………………..81

EL PODER DE LAS IDEAS……………………….89

EL PODER DEL DESEO …………..……………104

EL PODER DE LA ACCIÓN……………………...114

EL PODER DE LA VOLUNTAD………………….127

EL PODER DE LA DECISIÓN ……………………143

EL PODER DE LA DETERMINACIÓN …………...158

EL PODER DE LA ELECCIÓN ……………………173

EL PODER DEL ENFOQUE ……………………….189

EL PODER DE LA AVENTURA ………………......206

EL CÓDIGO DE TODA POSIBILIDAD …………….223

# Introducción

Vivir rutinariamente es la condición más lamentable y destructiva para un ser humano pues en tal condición uno se asesina poco a poco con un historial de no saber quién es, que quiere y ajeno a los sueños y realidades que rodean al potencial de cada ser humano. Todo desaparece en las garras de la muerte mental.

He descubierto que aunque todos nacen no todos viven, aunque todos reciben un capital del cielo no todos lo saben, aunque todos tienen facultades innatas no son usadas y por lo tanto estamos llenos de humanos sin rumbo, sin razón de existencia y son los mejores peregrinos de una experiencia infructífera.

La lista de gente insatisfecha, fracasada, desanimada, decepcionada, criticona y quejumbrosa es alarmante y condenable. Es de suma importancia entonces el no seguir malgastando la gran bendición de la vida sin propósito, facultades sin ser usadas y oportunidades perdidas.

El objetivo de este libro es demostrar que la fuente del poder que hace al verdadero, completo y satisfecho humano no está en el dinero, educación convencional, descendencia paternal y que la felicidad y la verdadera vida no es el resultado de lo heredado y circunstancial sino del potencial guardado en lo que llamamos mente. En ella está el centro de control de todo lo que el hombre es, quiere y puede llegar a ser. En ella radica el centro de interpretación de todas las cosas. No somos lo que nos dicen, ni lo que nos pasa *sino de la interpretación que le damos* a lo que vemos, oímos, tocamos, olemos, sabemos y experimentamos.

Por lo tanto, "Debería considerarse cuidadosamente el verdadero objeto de la educación. **Dios ha confiado a cada uno facultades y poderes para devolvérselos aumentados y mejorados.** Todos sus dones nos son concedidos *para ser usados al máximo*. Él requiere que cada uno de nosotros *cultivemos nuestros poderes y alcancemos la máxima capacidad posible de utilidad*, para que podamos hacer *una obra noble para Dios y bendigamos a la humanidad.* Cada talento que poseemos, ya sea de capacidad mental, dinero o influencia, es de Dios..." (Mente Carácter y Personalidad tomo 1 pg. 102.)

Si estas contento y satisfecho con tu presente condición este libro *no es para ti*, si te sientes triunfador perderás tu tiempo, si ya alcanzaste todo en la vida por favor evita leerlo. Pero si eres de los que quieren mejorar su carácter, honrar a Dios al máximo, buscas mejorar tu razón de existencia, si estas desconforme con todos tus logros y deseas más, si quieres impactar con tu vida y *no lo has logrado pero sabes que puedes entonces este libro fue escrito para ti*.

Hoy es el día de tu segundo nacimiento, el primero fue involuntario el de hoy es tu elección.

**"Profundo en el hombre radica esos poderes dormidos, poderes que lo asombrarán a él, que él nunca soñó con tener; fuerzas que revolucionarán su vida si se despiertan y si son puestas en acción." (Orison Sweet Marden.)**

# La Capacidad Inaplicada  1

"El hombre no es creatura de las circunstancias, las circunstancias son creatura del hombre" (Benjamin Disraeli.)

El hombre es el ser más especial de todo el universo. A diferencia de las otras criaturas nosotros tenemos bendiciones que los ángeles y animales no poseen. El hombre al ser creado por Dios fue dotado por todo aquello que por naturaleza lo puede hacer grande y poderosamente intelectual, espiritual y físicamente, verdad que una gran mayoría ignora o desconoce como un hecho y no como una posibilidad. ¿Cómo se lo qué digo? Solo debemos mirar el porcentaje de la humanidad que produce en lugar de solo consumir, que bendice en lugar de maldecir, que sigue en lugar de dirigir, que sirve en lugar de ser servido, que ama en lugar de odiar, que da en lugar de codiciar.

**Por naturaleza tenemos dones, talentos, capacidades y poderes que el cielo ha regalado a cada uno de los vivientes.** En esto radica el potencial de cada humano, aquí está la verdad que hace a cada uno libre y poderoso en el universo de Dios. Un día en mis reflexiones y meditaciones personales me encontré con el secreto que ha recreado, transformado y renovado la vida de millones de personas en la historia y en mi propia vida. Entre quejas y reflexiones personales recordé un versículo de la Biblia bien conocida pero poco meditada, que establece:

"Todo lo puedo en Cristo que me fortalece." (Filipenses 4:13.) Notemos que *no* dice:

- *Todo lo puede Cristo*,
- ni mucho menos dice que, *Todo lo hará Cristo.*

Veamos dos conceptos que nos enseña este versículo, 1 – es claro al decir que, *"Todo lo puedo...",* repito *"Todo lo puedo..."* una vez más, *"Todo lo puedo…"*. *Todo* quiere decir *todo* no menos que esto es lo que Dios desea en y por nosotros. 2 - "Todo lo puedo *en Cristo*." Todo lo puedo *es en Cristo* porque Él nos Creó, Él mismo nos dio el poder de hacer "todo" lo que es bueno para nosotros y la humanidad. Así que *todo es posible, todo es creable y todo es renovable* si sabemos, aceptamos y utilizamos esta verdad, "todo lo puedo…", esa es la voluntad, el propósito, la naturaleza de Dios *en cada ser humano*. Todo ser humano debería tener el lema cada día, "todo lo puedo".

No confundamos el que Dios tiene que hacer toda su parte sin la gran y poderosa parte nuestra. Esa es la ecuación que combinada realiza milagros, éxitos, producciones, y realidades que hasta ahora solo son sueños, pensamientos, ideas en la mayoría de humanos. Creo rotundamente que la razón porque el hombre y la mujer en su mayoría solo son visitantes, peregrinos y ambulantes en la tierra es porque no han comprendido esta gran bendición que el mismo cielo ya puso *en nosotros, la capacidad de hacer todas las cosas* que son para nuestro bien y beneficio de la humanidad.

Lo mencionado es la verdad que se reconozca o no es una verdad valiosa que ha tenido poco auge en la experiencia del ser humano. En este concepto está la fuente inagotable para todo el que sabe y el que no de que por naturaleza es capaz, es poderoso y constructor de su propio destino. Esta es la gran diferencia que tiene el humano a las otras criaturas.

La triste realidad es que la gran mayoría no lo sabe, no lo acepta, no se encuentra con esta gran fuente de bendición que provee razón de existencia, visión y misión en esta vida. Es palpable en la historia de la humanidad que unos pocos son los que han experimentado esta poderosa verdad. Pocos son los que saben lo que tienen, lo que son y ha donde van. Esos descubridores han llegado a ser los líderes y humanos que han cambiado y están cambiando la historia del mundo.

No hay excusas del poder que poseemos, solo ignorantes o indiferentes a ello, perezosos en reconocerlo y usarlo. Entendamos que al venir a este mundo **todos llegan con el mismo potencial** intelectual, espiritual y físico que permite crecer, madurar y cosechar en su periodo de existencia. Pero volvemos a la realidad antigua y presente de que es pequeño el porcentaje que ha descubierto esta verdad, pocos son los que la aceptan y poquísimos los que la usan. Aquí surge, nace el concepto de 'capacidad inaplicada' en el mundo nuestro. Una verdad que gobierna a la gran mayoría

*La capacidad inaplicada es tener posesión de todos los recursos naturales en uno mismo, dados por Dios y no reconocerlos, aceptarlos y utilizarlos – que desperdicio.* Deseamos elevar el porcentaje de humanos que reconozcan esta gran pérdida para utilizar cada milésima de potencial que se está llevando al olvido. Sabiendo esto tenemos la posibilidad de un cambio, aceptándolo estamos cerca de nuevos pensamientos, ideas y así acciones, utilizándolo tendremos resultados que cambiaría nuestro destino y el de la humanidad. Esta verdad tiene como base la ley de "causa y efecto". Para todo habrá consecuencias.

La vida y la historia del Dr. G. W. Carver también ejemplifican el hecho de que para edificar el carácter, adquirir una educación y hacer un éxito real de la vida, es necesario que uno empiece la línea de partida, donde uno está, con lo que uno tiene, con lo que uno sabe.

Citamos de un bosquejo biográfico de este gran hombre que con su vida demostró que todo se puede transformar, cambiar, utilizar. Todo es posible, no hay excusas en nada. Publicado en la revista "The Readers Digest," diciembre de 1942, justo antes de su muerte: Nacido en Missouri alrededor de 1864, el Dr. Carver nunca conoció a su padre y a su madre, fueron llevados por ladrones de esclavos cuando él era un niño. Un cultivador blanco, Moses Carver, crio al pequeño, le dio su nombre y, a causa de la pobre salud del muchacho le permitió hacer labores de mujeres: Cocinar, cocer y lavar.

Pero un fuego extraño ardía en él. El único libro que él recuerda en el hogar de los Carver fue un libro de ortografía Webster. Él lo memorizó. Sobreviniéndoles a los Carver tiempos difíciles, no pudieron enviarle a la escuela. Él tomó su propio camino; durmió en graneros y lugares donde trabajaba por alimento en cualquier tarea que se presentara; absorbió todo el conocimiento que un salón de escuela tenía que ofrecer. "Lavando ropa para la gente blanca" pagó sus gastos de escuela preparatoria.

Fue admitido por correo en la Universidad de Iowa, sólo para ser rechazado cuando llegó, porque era negro. Entonces abrió una lavandería pequeña y al fin de un año había juntado suficientes fondos para obtener la entrada al Colegio de Simpson Indianola en Iowa. Él lavó, fregó y limpió casas por tres años para pagar sus gastos de escuela y finalmente terminó cuatro años de estudios agrícolas en el colegio del estado de Iowa. Allí su ingenio con el suelo y plantas le ganaron en su graduación un lugar en la facultad.

En Alabama central alrededor de este tiempo Booker T. Washington—fundador y presidente del Instituto Tuskegee— estaba soñando con la emancipación económica para el agricultor negro. Los sueños requerían un hombre y Washington eligió al joven Carver.

Cuando Carver llegó a Tuskegee en 1896, parecía que no había nada sobre lo cual trabajar y nada con qué trabajar. Washington quería un laboratorio agricultural y no había ni equipo ni dinero. Quería un terreno para agricultura para la escuela pero el terreno era desafiante. Él quería hierba en el campo de Tuskegee pero sólo había arena.

Hoy, en una caja de vidrio en el museo están los materiales con los cuales Carver hizo su primer laboratorio. Para calentarse arregló una lámpara del granero que él había rescatado. Su mortero fue una copa dura de la cocina; Empleó un pedazo de hierro plano como pulverizador. Hacía vasos cortando la parte superior de botellas viejas que sacaba del basurero de la escuela. Convirtió una botella de tinta en una lámpara de alcohol e hizo su propia mecha.

La tierra sobre su "granja experimental" de 16 acres era arenosa, agotada y empobrecida. Envió a sus estudiantes armados con cestas y cubetas dentro de pantanos y bosques. Día tras día traían lodo y hojas y cubrían la tierra con ellos. Sobre esos acres demostró que el peor terreno del sur podía producir—no solamente una cosecha de camotes por año, sino dos. Ahí también él obtuvo una de las primeras cosechas de algodón en Alabama y recibió por primera vez un fardo por cada acre.

**"Todos me dijeron" dice, "que la tierra no era productiva. Pero era el único terreno que yo tenía. No era tierra estéril. Solamente estaba sin uso."**

Encontró otros usos para la tierra. Del barro multicolor del condado Macón él hizo alfarería, tintas de papel y bloques ornamentales de cemento. Siendo un enemigo consumado del desperdicio, convirtió tallos de maíz y sorgo en maderas aisladas; producía papel de las ramas de wistaria, de las flores de girasol y de hibiscos silvestres, tejía cubiertas decorativas para mesas de cola de gato de los pantanos; hizo otros adornos para mesas, usando tintes brillantes de barro para teñir, de bolsas para semillas.

Para llevar el evangelio de Pastos Verdes a cada agricultor, convirtió su cabriolé usado en una escuela agrícola movible. La cargó con muestras para exhibición y pidió prestado un caballo e hizo recorridos regulares del campo. Esta fue la primera de las "escuelas movibles" que hoy día provee en camionetas y camiones de remolque y es patrocinada por el Departamento de Agricultura Americano que cubre todo Alabama.

La región del condado Macón en ese tiempo, como la mayoría del sur, cultivaba algodón y casi nada más. Para conservar la tierra y aumentar ganancias para los agricultores, Carver abogaba para que cultivaran camotes y cacahuates. Hoy día los camotes son una cosecha principal del sur, y los agricultores de cacahuates del sur este año ganaron cerca de 70, 000,000 de dólares por sus cosechas. Más que cualquier otra persona, el Dr. Carver ha ayudado a cambiar la tiranía del algodón en la agricultura del sur.

Como pionero de Macón Country, encontró pocos jardines de verduras, y sólo unos pocos puercos, gallinas o vacas. La pelagra producida por una dieta no balanceada—estaba esparcida por todas partes. Por eso, él predicaba en favor de huertas para la cocina y desarrollaba recetas mostrando como preparar y conservar verduras. Hoy día, de acuerdo al agente agricultural del estado, difícilmente hay una finca de negros en Macon Country sin una huerta de verduras, puercos, gallinas y, por lo menos una vaca. La pelagra ha desaparecido virtualmente.

El Dr. Carver insiste que la fórmula empieza-donde-estás dará éxito en cualquier lugar. Hace algunos años él habló ante una organización negra en Tusla, Oklahoma. Para los materiales ilustrativos él pasó una madrugada en Sand Pipe Hill, cerca de Tusla y volvió con 27 plantas, todas conteniendo propiedades medicinales.

"Luego," dijo, "fui a la farmacia de Ferguson y compré siete medicinas de patente conteniendo ciertos elementos encontrados en esas plantas. Las medicinas habían sido enviadas de Nueva York. Deberían haber venido de Sand Pipe Hill. 'Donde no hay visión el pueblo perece.' "

Ha sido llamado—este hombre cuyos padres fueron esclavos negros –"el primer y más grande químico." Negocios de millones de dólares han sido edificados en parte o del todo de sus descubrimientos— el más grande entre ellos es la industria del cacahuate de 200, 000,000 de dólares al año. Su iniciativa pone millones de dólares cada año en los bolsillos de los agricultores del sur.

Ha recibido muchos honores. Thomas Edison lo invitó a ser parte de sus profesionales y ganar 50,000 dólares al año. Henry Ford le ha dado un laboratorio de investigación de comidas para el tiempo de guerra. En Junio pasado "The Progressive Farmer" le dio su premio anual por "servicio destacado para la agricultura del sur." La medalla del presidente Theodore Roosevelt llegó a él en 1939 como "un libertador de hombres de la raza blanca como de la negra."

Ha preguntado el *New York Times* "¿Qué otro hombre de nuestra época, ha hecho tanto para la agricultura en el sur?"

El mundo que también busca al Dr. George Washington Carver todavía lo encuentra en la parroquia científica donde trabajó por 46 años: Macon Country, Alabama y los terrenos del Instituto de Tuskegee—escuela muy famosa de los negros.

**Sí, es su propia filosofía que lo mantiene allí: su creencia que no hay campos más verdes de aquellos que están cerca. Según la ciencia, él ha reducido esa creencia a una fórmula: "Empieza donde estás, con lo que tienes haz algo de ello, nunca quedes conforme." Ahora acercándose a los 80 años, todavía saca provecho de esa fórmula.**

Él me llevó recientemente por el museo de George Washington Carver en Tuskegee—construido de sus ahorros para guardar los resultados de sus exploraciones y descubrimientos de la región. Todavía se viste de esa gorra rota familiar y su desgastado suéter gris. Su voz es débil, sus hombros encorvados. Pero no hay señales de debilidad en su mente y espíritu.

En un campo pequeño detrás del museo él señaló unos 50 pedazos de madera de pino expuestos al sol. Estaban recién pintados de colores azules, amarillos, rojos y verdes brillantes.

"La razón por la cual los agricultores aquí no pintan sus casas," dijo, "no es porque sean perezosos o no tengan interés. Es porque no tienen dinero para comprar la pintura. Esa pintura que se ve en esas maderas expuestas al sol no cuesta casi nada. El color viene del barro de aquí mismo en Macón Country. La base es el aceite usado de automóviles."

Esta pintura cultivada en casa, hecha y probada por el Dr. Carver en Tuskegee, está ahora siendo usada por Tennessee Valley Authority en una demostración de adorno de hogares rurales en 14 localidades de TVA.

El Dr. Carver fue el primero y aún es el mayor exponente para el uso de las tierras desocupadas del sur y de sus productos de deshechos para balancear la dieta del agricultor del sur. Esto exigía más que conocimiento de agricultura, así que él aprendió a ser un dietista y cocinero experto. Su libro "43 maneras de salvar la cosecha de ciruela silvestre" es una colección de recetas probadas por Carver: mermeladas, jarabes, vinagres, sopas, croquetas.

Sus experimentos famosos con el cacahuate condujeron a la producción de más de 300 artículos útiles. Entre aquellos ahora hechos comercialmente son su mantequilla de cacahuate y harina de cacahuate, además de varios aceites y fertilizantes. Usado ampliamente en su folleto para la mujer del agricultor: "105 maneras diferentes de preparar el cacahuate para la mesa," incluyendo recetas de sopa, pan, tortas, queso y pasteles de cacahuate. Con tan vasto uso del cacahuate, la cosecha aumentó de 700 millones de libras en 1921 a 1,400 millones en 1941.

En Marzo pasado el Dr. Carver publicó su propio boletín: Jardín de Victoria: "El Jardín de la Naturaleza para Victoria y Paz." Su portada llevaba una cita de Génesis: "He aquí cada planta os será para comer. Será para vosotros de alimento." Adentro llevaba una lista de más de 100 hierbas, plantas y flores silvestres que pueden ser usadas como comida y recetas, mostrando como usarlas.

Incluyen el café de chicoria, algunos lo prefieren al café regular— torta semejante a la de manzana o ruibarbo" de hierba agria; "cabezas de espárrago" de los tallos de asclepias; trébol silvestre para "ensaladas delicadas y adornadas," sándwiches de ensalada de pasto, los cuales son muy populares en los terrenos del Instituto de Tuskegee.

La Biblia, me dijo el Dr. Carver, es tan importante para su obra como es su laboratorio. Él tiene dos versículos favoritos de la Biblia y llama a uno de ellos su pasaje de "luz". Es Proverbios 3:6. "Reconócelo en todos tus caminos, y Él enderezará tus veredas." El otro es su pasaje de "poder" en (Filipenses 4:13,) "todo lo puedo en Cristo que me fortalece."

Le he oído decir a un grupo de predicadores negros: Esta es la única pregunta que el pueblo de color tiene que contestar, "¿Tenemos lo que el mundo quiere?" Dijo haber oído hablar a un grupo de hombres blancos que buscaban a un hombre quien pudiera localizar aceite. "Ellos olvidaron decir si querían a un hombre blanco, rojo, amarillo o negro; sólo dijeron que buscaban a un hombre quien pudiera localizar aceite.

"No anden buscando la viña de Nabot," dijo, "probablemente cada uno de ustedes tenga todas las viñas que necesita."

Es imperativo que despertemos a la verdad que todo hombre es igual *y equivale a toda potencia posible* si tan solo decide reconocerlo, aceptarlo y utilizarlo. He allí lo que hace la diferencia de humano a humano, triunfador ha fracasado, exitoso a frustrado, visionario a observador, curioso a miedoso, solucionador de problemas a sumergido en problemas. Nadie nace más grande o más corto en potencial, en posibilidad, en éxito, todos estamos arraigados a la misma verdad de que todo el que sabe lo que es y puede hacer logra la diferencia y prosperidad en todo sentido en este mundo.

La grandeza del hombre entonces no está en codiciar, en desear lo que otros poseen, en maldecir los momentos desagradables y murmurar porque otros avanzan, logran, son o tienen. *Está en la sencilla realización de que todo está en uno*, está en la naturaleza dada por Dios al hombre y por lo tanto nuestras desgracias, fracasos y lamentos es el resultado de no saberlo, aceptarlo o utilizarlo como nuestras victorias. Logros y avances radica en saber, aceptar y utilizar lo que Dios ya nos ha dado, esa es la grandeza del ser humano.

La fórmula que hace o desase a un humano en esta vida está en el conocimiento de tres fases que enseña la verdad de saber, aceptar y utilizar. ***Entonces necesario es saber*** que todos tenemos toda capacidad y posibilidad, *que todos debemos aceptarlo* para poder desarrollarnos al máximo, guardarlo y convertirse a ello ***utilizándolo es el poder más grande*** que puede hacer de simples - grandes, pobres - ricos, ignorantes - sabios, incapaces - capaces, estancados - libres, quejosos - felices, limitados - prósperos, aprendices - exitosos. De observadores finalmente triunfados.

Entonces en una frase diremos que la capacidad inaplicada es la ignorancia de lo que tenemos, es el conocimiento no aceptado y el potencial no utilizado que está en cada uno de nosotros. Esto es lo que ha permitido una humanidad que se destruye a sí misma, retrocede en sus principios, valores. Esta humanidad quiere lo que no posee, quiere lo que otro tiene, quiere lo que no trabajó. Vive sin rumbo, no tiene misión y solo usa esta tierra sin producir y bendecir si la debe dejar.

Tu manera de pensar, tu posición actual y tu visión para mañana dictan si eres *un reclutado de capacidad inaplicada* o un activo rentable, diferente, para la mayoría raro en el mundo de los que no saben, un loco en el mundo de los que no aceptan, un emprendedor en el mundo de los que no utilizan y fiel investigador de todo aquello que ha hecho, transformado y recreado a hombres y mujeres de éxito.

En resumen deseo que veas, sepas que tú tienes un gran potencial que ni la familia por más posición social tenga o no, ni la educación convencional, ni la edad, límite o condición social puede evitar tu desarrollo al máximo en esta vida. No hay límite para saber, reconocer y utilizar lo que Dios *creó en* nosotros, *puso en* nosotros *y tiene en* nosotros. Lamentablemente lo que si abundan son descuidados, indiferentes y mal agradecidos a estas bendiciones.

El poder en nosotros tiene la capacidad de elevarnos o tragarnos, eso depende de nosotros, enteramente nuestra responsabilidad. Todo radica *en saber o no saber, aceptar o no aceptar, utilizar o no utilizar lo que ya tenemos.* Aquí nace la verdad de Capacidad no aplicada que ha hecho a una gran mayoría vagabundos mediocres en el mundo. Pero también nace la otra verdad que convierte y produce La Capacidad Aplicada que solo sabe seguir a los que *ya saben, aceptaron y utilizan esa capacidad* Divina, *el poder de Dios en uno (El poder de la mente.)*

De todo esto nace el libro en tus manos. **"El Código De Toda Posibilidad."**

# Otro Paradigma 2

"Si todos hiciéramos la cosas que estamos capacitados para hacer estaríamos literalmente sorprendidos." (Thomas A. Edison.)

Un hombre joven se estaba preparando para la universidad de postgrado. Durante muchos meses había admirado un hermoso auto deportivo en el showroom de un distribuidor, conociendo a su padre así se lo podían permitir, le dijo que era todo lo que quería.

Como se acercaba el Día de Graduación, el joven esperaba señales de que su padre había comprado el coche. Por último, en la mañana de su graduación su padre le llamó a su estudio privado. Su padre le dijo lo orgulloso que estaba de tener un hijo tan bien, y le dijo lo mucho que lo amaba. Le entregó a su hijo una hermosa caja de regalo envuelto. Curioso, pero un poco decepcionado el joven abrió la caja y encontró un hermoso, encuadernado en cuero con una Biblia. Enojado, levantó su voz a su padre y le dijo: "¿Con todo el dinero me dan una Biblia?" y salió de la casa, dejando el Libro Sagrado.

Muchos años pasaron y el joven tuvo un gran éxito en los negocios. Tenía una hermosa familia de origen maravilloso, pero se dio cuenta que su padre era muy viejo, y pensó que tal vez debía ir con él. No lo había visto desde ese día de la graduación. Antes de que pudiera hacer los arreglos, recibió un telegrama diciéndole que su padre había fallecido, y quiso dejar todas sus posesiones a su hijo. Necesitaba volver a casa inmediatamente y cuidar de las cosas. Cuando llegó a casa de su padre, la tristeza y el arrepentimiento repentino llenaron su corazón.

Él comenzó a buscar los papeles importantes de su padre y vio todavía la Biblia nueva, tal como la había dejado hace años. Con lágrimas, abrió la Biblia y comenzó a pasar las páginas. Mientras leía esas palabras, una llave de coche se redujo de un sobre pegado detrás de la Biblia. Tenía una etiqueta con el nombre del distribuidor, el mismo distribuidor que tenía el coche deportivo que había deseado. En la etiqueta fue la fecha de su graduación, y las palabras... PAGADO EN SU TOTALIDAD.

¿Cuántas veces nos perdemos las bendiciones de Dios porque no se empaquetan como esperábamos? Necesitamos otro paradigma para apreciar las bendiciones verdaderas fuera de esa bendición estamos propensos a despreciar lo que ya tenemos, no sea qué cuando nos demos cuenta ya sea demasiado tarde.

El concepto aquí compartido en realidad está en la Biblia el libro más estudiado, más antiguo y quien es responsable de los grandes avances, transformaciones y posibilidades hechas realidades ya en el pasado, experiencias en el presente y poderosas oportunidades que nos trae el futuro si tan solo nos sometemos a verdades incambiables, irrevocables y estables para todo el que quiere ser lo que fue creado ser, todo es posible.

## Un Paradigma

¿Qué es un paradigma? Porque para lograr otro paradigma debemos entender lo que es. La palabra tiene sus origines en el mundo griego, *"Paradeima"*. Término usado comúnmente en asuntos científicos. Hoy comúnmente se usa para designar una teoría, percepción, creencias, una base de referencias sicológicas, modelo, creencias o ejemplo.

La palabra paradigma en este libro es usado para demostrar que paradigma es en realidad **una** manera de pensar. Es el conjunto de influencias que forman nuestra opinión de la vida, de Dios, de capacidades, dinero, fama, nutrición, familia, sociedad etc. "Pero ya sea que el cambio de paradigma nos empuje en direcciones positivas o negativas, o que se produzca de modo instantáneo o gradual, determina que pasemos de una manera de ver el mundo a otra. Ese cambio genera poderosas transformaciones. Nuestros paradigmas, correctos o incorrectos, son las fuentes de nuestras actitudes y conductas, y en última instancia de nuestras relaciones con los demás." (Stephen Covey.)

Un paradigma aunque nos forma a nosotros no somos nosotros, puede cambiar. Todos conocemos un mapa que señala un territorio pero no es el territorio señalado ese es el papel que tiene el paradigma en nuestra mente. Un paradigma en la vida de todo ser humano es la influencia, voz, dirección que nos dirige. "Todo conocimiento opera mediante la selección de datos significativos y rechazo de datos no significativos: separa (distingue o desarticula) y une (asocia, identifica); jerarquiza (lo principal, lo secundario) y centraliza (en función de un núcleo de nociones maestras). Estas operaciones, que utilizan la lógica, son de hecho comandadas por principios "supralógicos" de organización del pensamiento o paradigmas, principios ocultos que gobiernan nuestra visión de las cosas y del mundo sin que tengamos conciencia de ello." (Edgar Morin.)

Los paradigmas son poderosos porque crean los cristales o las lentes a través de los cuales vemos el mundo. El poder de un cambio de paradigma es el poder esencial de un cambio considerable, ya se trate de un proceso instantáneo o lento y pausado. (Stephen Covey.)

Los paradigmas se forman en todo tiempo. Empiezan a surgir desde que nacemos, crecemos, en la escuela, en la vida, en la familia, los problemas, crisis, ser abusados, accidentes. Todo eso tiene su influencia y son creadores de paradigmas reconocidos y aceptados forman nuestro poder y capacidad de interpretar la vida. Sólo podemos lograr una mejora considerable en nuestras vidas cuando dejamos de cortar las hojas de la actitud y la conducta y trabajamos sobre la raíz, sobre los paradigmas de los que fluyen la actitud y la conducta." (Stephen Covey.)

## Puede cambiar

El paradigma presente no es eterno, puede cambiar. Hoy tú eres tu paradigma pero tu paradigma no te controla, tú lo haces. *Todo puede cambiar si cambiamos nuestro paradigma* de las cosas, de la vida, de lo pensado, de lo visto. Ningún paradigma es eterno, solo el que tú quieras.

Creo sinceramente que la razón de tanto fracaso en la vida de seres humanos, cristianos, religiosos, estudiantes, esposos y todo ser humano es que tienen un paradigma equivocado. No puedes ser libre si vives como esclavo en tu mente. Nada tiene fuerza y poder si no cambiamos primero la manera de pensar.

## El poder del "Ajá" "Wow"

El concepto del cambio mental es tan antiguo como la Biblia. Analicemos el tema con tranquilidad pues vale la pena la inversión de tiempo, cambiará tu manera de pensar y ser es el progreso en la vida de todo hombre y mujer que vive la vida a su máximo, de manera tal que tu vida será un resultado de lo que tú quieras y no lo que dicen que eres o no puedas hacer.

En este asunto es importante entender el poder que tenemos del cambio del pensamiento. Los cambios en la mente que son perduderos son aquellos que al lograr un impacto mental, sicológico ocurre algo interesante en el humano. Es ese ¡ajá! ¡wow! Es la señal del cambio mental. Ese asombro es el más rico sentimiento al descubrir algo nuevo.

Los paradigmas personales, sociales, religiosos son cambiables. En algún momento alguien se enfrentó con la pobreza y se dio cuenta que podía cambiar y quiso cambiar, una carrera es seguido por paradigmas compartidos por los padres, 'quiero que seas un doctor, un abogado, etc.', un mejor carácter al enfrentarnos con un mal momento con el prójimo, la ira sin control que causó una desgracia, un mejor estatus social ser educado, profesional, tener más dinero, tener una novia, una esposa. Todo esto es un paradigma en acción.

En lo social alguien en algún momento nos introdujo estos cambios. Por ejemplo del mundo manual llegó el industrial de este hubo un cambio al informático. La información antes se escribía en piedras, luego alguien introdujo el cuero. Más tarde en la historia alguien nos trajo el papel, el mismo principio nos introdujo al digital.

Todo era llevado de persona a otra persona o por medio de animales, en el registro de la historia alguien dijo traeré a vida un carro con caballos más tarde otro nos explicó que traería un carro sin caballos. Estos fueron introducidos, el tren, el carro, las bicicletas pero alguien más pensó y nos dijo esto no es suficiente, podemos volar, introdujeron los globos, y más tarde un aeronave y así el moderno avión. Todos estos se lograron por cambio de paradigmas.

En lo religioso algunos no creíamos en un Dios pero nos informamos y ahora creemos. Otros nacen en una religión pero al crecer aprendieron algo nuevo y se cambiaron de religión. Otros eran religiosos más tarde se vuelven ateos. Algunos eran cristianos ahora se convirtieron al musulmanismo. Todo el proceso fue y es bajo el principio del paradigma.

El otro día aprendí una gran lección de la vida que describe este concepto en la vida práctica. Tenía mucho tiempo que no saludaba a una persona y cuando decidí hacerlo quise esconder mi falta de comunicación de meses con frases de sinceridad. ¿Cómo estás? Bien me contestó. Lo vi un poco molesto e indiferente. Me alegra contesté. Tenía tiempo de no verte y había pensado en ti muchas veces. Gracias me contestó.

Nuestra plática se volvió tediosa, lo sentí indiferente así que me despedí diciendo, "me saludas a tu mama". Molesto me dijo:

"Miguel ella murió hace dos años." Mi opinión de su indiferencia cambió inmediatamente. Me disculpe por mi falta de comunicación. Este es un ejemplo de cómo puede un paradigma cambiar inmediatamente.

## El concepto de quién es y qué puede hacer en el humano - debe cambiar

"Si es que lo oísteis y fuisteis en él enseñados, conforme a la verdad que está en Jesús. Acerca de la pasada manera de vivir, *despojaos del hombre viejo*, viciado por sus engañosos deseos." (Efe. 4: 21-22.)

La posibilidad de cambiar de concepto, de pensar de una manera a otra, del que *no puedo al que sí puedo* requiere un nuevo aprendizaje – ese es el precio del cambio. Es una verdad que tiene sus raíces en el Creador del Universo Cristo. Sabe cambiar y comenzar de nuevo, la cruz nos dice ese mensaje con su muerte, que todo es cambiable, posible.

Para lograr el cambio debemos aceptar que hay una manera pasada de vivir que no ha provisto el camino a ser lo que hemos sido creados a ser. Esto lo testifica Abraham Lincoln al sacar su idea de igualdad a flote, liberar a los esclavos. Vio una nueva manera de vivir y lo expresó en un acto histórico lo cual le costó la vida. Esto requiere honestidad y evaluación para poder saber si estamos en el camino correcto produciendo lo que si podemos hacer no lo que pensamos que somos o intentamos realizar. Lo vemos en la vida de Saulo de Tarso, un eminente, fariseo de fariseos, un teólogo, un doctor de la ley, un líder en el Sanedrín pero en camino equivocado, enfrentó el llamado de Dios y evaluando su vida decidió cambiar y cambió dejando su nombre como San Paulo, el apóstol Pablo, el siervo de Dios. Hay poder en aceptar, evaluar, analizar nuestra pasada manera de pensar, digo pasada porque en el momento que se piensa instantáneamente deja de ser presente y se vuelve pasada dejando huellas en la vida presente pues ellos forman el carácter y destino.

Después de esta evaluación debemos tirar, echar a la basura todo lo que nos ha impedido el avance Divino. Es la voluntad de Dios que seamos exitosos, prósperos y para ello debemos voluntariamente analizar nuestra pasada manera de vivir, barrer, sacar y echar al basurero todo lo que no nos ha dado buen resultado en nuestra existencia pero hacer eso requiere trabajo, valor y capacidad. Es claramente vista en la vida de Abraham. Tiró su manera pasada de vida. Dejó todo, tierras, estatus social y padres atrás. Se aventuró a una nueva vocación y lo logró. Tan radical fue su cambio que no solo fue el heredero de Toda Canaán, tierra que todos codician, quieren y buscan acérrimamente. En el libro Sagrado Dios le llama "amigo". En su tiempo llegó a ser uno de los más ricos de su tiempo.

## Conceptos errados

"No limites a tus hijos a tu propio aprendizaje, porque han nacido en otro tiempo" (El Talmud.)

Lamento informarte que tenemos conceptos que nos tienen engañados, como el concepto que tiene sus bases en tres famosas palabras que expresa, "yo no puedo". El otro concepto errado es que no triunfa, no logra, no avanza, porque dice, "no tengo educación", y el que más risa me da es que les gusta gritar "no tengo dinero". Otros viven bajo el techo de conceptos como, "si hubiera tenido la oportunidad que tal y cual persona tubo, entonces sería diferente". Otros para justificar su improductiva vida dicen, "si mi familia hubiera sido diferente". Aún otros expresan – "Yo no conocí de Dios cuando era niño, joven," etc.

Todas estas frases y muchas más que podrías ayudarme a enumerar son paradigmas que nos tienen esclavos y matan como el paradigma en la medicina que enseñaba que para curar a alguien tenían que desangrarlo. Paradigmas como estos no nos permiten dar ese paso de éxito hoy mismo. Deja estos engaños y ve lo que Dios dice que puedes pensar, soñar y ser. Si tú no eres feliz como persona, con tu familia y en tu familia no eres respetado, no has triunfado en la vida profesional, social y espiritual **entonces tienes conceptos** que limitan a que evoluciones en lo que la infinita sabiduría desea que seas.

## Constante progreso - renovar

"**Renovad la actitud de vuestra mente**, y vestíos del nuevo hombre, creado para ser **semejante a Dios** en justicia y santidad." (Efesios 4:23.)

La primera palabra que debemos examinar es 'renovad' esto requiere un análisis previo de qué tipo de vida tengo, llevo y quiero. A menos que hagamos eso no podremos querer renovar nuestra manera de pensar y desear. El poder de renovar involucra un cambio de 'actitud' mental, es esencial ese cambio para que lo demás se logre.

"El mayor descubrimiento de mi generación es que los seres humanos pueden cambiar de vida cambiando de actitud." (William James.)

Nótese que lo que debe cambiar no es la mente – el capital sino la 'actitud' la manera de invertir. Todos tenemos una mente pero no todos la usamos como debiéramos. Así que la actitud es de suma importancia para el avance a un nuevo paradigma y así nuevas acciones y por ende resultados. ¿Cómo está tu actitud mental? No me tienes que contestar tu vida, tu carácter y tus logros lo dicen todo.

"Tan importante como dar un paso adelante en la vida, a veces es dar un paso atrás" – (Julio Llamazares.)

Cuando uno tiene la actitud mental correcta entonces se viste, se cubre, *se forma un nuevo ser en uno*. Esta capacidad es poder de la mente en la humanidad, de crearse. Si no estamos contentos con lo que tenemos o somos en lugar de quejarnos, murmurar y mirar a otros con malos ojos por lo que son o tienen podemos allí utilizar el poder de la mente para re crearnos, en lugar de envidiar o lamentar, vestirnos de una nueva mentalidad, nuevos propósitos y metas, créelo esto hace un nuevo carácter. Un nuevo y poderoso ser viene a vida.

Esto lo ejemplifica la vida de Benjamín Franklin la historia registra que él tenía un pésimo carácter, se peleaba con todos y en algún momento de su vida él creía que siempre tenía la razón. Algunos amigos le hicieron ver su problema y se propuso cambiar y lo logró. Tan fuerte fue el cambio de actitud mental que escribió un esquema de desarrollo de su carácter en 13 virtudes. Recomiendo que se lean y pueden ser de gran valor en el cambio de actitud mental que dirige todo el carácter. El punto aquí es que el cambio de una verdadera actitud mental produce un cambio en la vida, carácter y resultados de todo individuo.

Este proceso produce ahora una semejanza no al mejor ser humano sino a Dios el Creador del hombre – eso dice el versículo. "Creado para *ser semejante a Dios* en justicia y santidad". Que poderosa verdad el mismo cielo me invita en esta tierra a ser "semejante" a Dios. Entonces ¿Quién es Dios? Es el ser más poderoso del universo, el más sabio, manantial de conocimiento, la fuente de amor, paz y bendición. Él hace todo posible, crea todo, hace todo, no deja nada a medias, todo lo recupera si lo pierde, todo lo busca, todo lo quiere, todo lo realiza, tiene planes, tiene metas, tiene deseos, es potencia, es energía, es esperanza, es capaz, es infinito. Así que la gran pregunta es ¿eres semejante a Dios? Esta pregunta debe considerarse no en tomar posición como Dios sino el nuevo paradigma que dicta el poder de lograr todo, hacer todo, crearnos o recrearnos mentalmente, todos podemos desarrollarnos a lo máximo – el límite es Dios.

Personas que fueron lo que sabían deberían ser y que lo lograron después de un cambio de paradigma, quienes se renovaron y se sometieron a una vida progresiva y productiva fueron:

- La madre Teresa de Calcuta – abnegación y amor por la humanidad fue total.

- Mahatma Gandhi hombre que dejó su orgullo, su ambición por amor a su país, la libertad de toda una nación por medio de la protesta sin armas. Hombre que vivió primero lo que pidió de más de 200 millones que vivieran al máximo si deseaban vivir libres.

- Sócrates que fue exquisito en sus palabras y pudiendo escapar y cambiar de posición decidió morir por la verdad que creía y que ha influenciado al mundo con un raudal de inspiración.

- Tenemos a David Livingstone que nace el 19 de marzo de 1813; y muere en Blantyre, Glasgow - 1 de mayo de 1873; Chitambo, Rhodesia Septentrional. Fue un médico, explorador y misionero escocés, además de una de las mayores figuras de la historia de la exploración: estableció, con observaciones astronómicas, las situaciones correctas y realizó informes de zoología, botánica y geología. Por ello, en *la Inglaterra victoriana* fue considerado como un héroe nacional.

Estas personas mencionadas tenían algo en común no imitaron a nadie solo vivieron al máximo sus vidas.

Entendamos que es en esta tierra que Dios desea que logremos lo máximo, a donde ha llegado el mundo nos dicta una opción esforzarnos a ser semejantes a Dios *sino una necesidad urgente.* Seamos lo que se sabe somos **hijos de Dios**. Ni siquiera quiere que seamos como otro hombre, ángel o criatura sino como Él en poder, creación y amor en nuestra propia y única atmósfera. Si te tomas el tiempo para pensarlo veras que es un sencillo pero poderoso nuevo paradigma, una nueva manera de pensar y esto es lo que hará que seas un ser evolucionado aquí en la tierra. Ser grande y próspero ocurre aquí primero si algún día deseamos ser con Él como Él en la tierra hecha nueva.

## Experimentar cual es la poderosa voluntad de Dios para el hombre

"Así, hermanos, os ruego por la misericordia de Dios, que presentéis vuestro cuerpo en sacrificio vivo, santo, agradable a Dios, que es vuestro culto razonable. Y no os conforméis a este mundo, *sino transformaos mediante la renovación de vuestra mente, para que podáis comprobar cuál es la buena voluntad de Dios*, agradable y perfecta." (Rom. 12:1-2.)

Este hombre que con toda autoridad nos pide que no nos conformemos a los límites, reglas, metas y deseos de este mundo, lo experimentó por sí mismo, fue el mejor teólogo de su tiempo, maestro, psicólogo, emprendedor, apóstol, hizo literalmente milagros en la vida de centenares de personas, hablaba varios idiomas, obtuvo todos los doctorados de su tiempo, escritor exquisito y su obra sigue impactando a millones de personas hasta hoy. En otras palabras tenemos la oportunidad de experimentar que nuestra visión, misión y propósitos sean más elevados, más grandes, más excelentes. Si nos ponemos en las manos de Dios podemos ser lo que no se ha visto aún de nosotros.

Este camino tiene un precio y es el de renovarnos constante por voluntad propia, noten que debe ser en nuestra 'mente'. La renovación es necesaria en el camino a la grandeza. Solo los hombres y mujeres que aplican esta verdad logran grandes hazañas, resultados, metas, propósitos y éxitos.

Está en nosotros y no en Dios experimentar cual es el potencial con el que hemos sido creados. Esto es algo que la mayoría no entiende, unos creen que si Dios quiere se hace, si Dios lo permite ocurre y aún citan versículos que aprueban la bendición de las desgracias y pobrezas para justificar su mediocridad. En algunos casos es cierto como con Job, José y Juan el Bautista. Sin embargo estamos hablando de usar el potencial con el que *hemos sido creados*, la capacidad en cada ser humano, esto no viene ni de la familia, educación o accidente ya es un hecho que Dios lo puso en nosotros y está en nuestro poder experimentarlo o no.

La voluntad de Dios es que lo experimentemos. ¿Lo estás experimentando? ¿Tienes el éxito para lo que has sido creado aún en tus desgracias y problemas o limitaciones comunes? ¿Eres lo que sabes debes ser o estas intentando con todas tus fuerzas serlo? En este conocimiento ya no se mira a los demás, ya no se extraña, ya no se codicia lo que otros son o tienen, ya no se piensa, ya no se intenta, solo se hace, se realiza, se busca y se encuentra pues es la palabra Divina que dice: "sino transformaos mediante la renovación de vuestra mente, para que podáis comprobar *cuál es la buena voluntad de Dios, agradable y perfecta.*"

Entre ellos están nombres como la de la gran Débora que faltando hombres para defender a su pueblo Israel ella sale al frente como una campeona, experimentó la buena voluntad de Dios, lo vivió. En la lista este Job quien su vida es una parábola para la humanidad hoy que quiere ser lo que fue creado ser – un ser de virtudes, persistencia y éxito en los negocios. Experimentó la voluntad de Dios agradable en esta vida. Tenemos a Cristo quien como hombre vivió de tal manera que todo humano sabio busca modelar su vida con la de Él pues fue un hecho que nadie ha vivido con tanto éxito de demostrar la voluntad perfecta de Dios en esta tierra.

## El cambio requiere de una lucha

"Pero veo en mis miembros otra ley, *que lucha contra la ley de mi mente*, y me somete a la ley del pecado que está en mis miembros." (Rom. 7:23.)

Todo tiene una lucha y para mantenernos al pie del nuevo paradigma y cambio, del nuevo hombre o mujer debe mantenerse una constante lucha para mejorar, aprender, desaprender y seguir aprendiendo para ser útiles en esta vida. "El éxito es un sueño del que a veces te despiertas de modo un tanto desagradable." (Julio Llamazares.)

Tenemos un ejemplo de lucha en el inicio del protestantismo marcado por una lucha constante. El padre de la reforma mientras enfrentaba la persecución por su nuevo paradigma dijo antes los grandes de su tiempo las siguientes palabras que marcan una lucha firme: "¡Serenísimo emperador! ¡Ilustres príncipes, benignísimos señores! -dijo Lutero.- Comparezco humildemente hoy ante vosotros, según la orden que se me comunicó ayer, suplicando por la misericordia de Dios, a vuestra majestad y a vuestras augustas altezas, se dignen escuchar bondadosamente la defensa de una causa acerca de la cual tengo la convicción que es justa y verdadera. Si falto por ignorancia a los usos y conveniencias de las cortes, perdonádmelo; pues no he sido educado en los palacios de los reyes, sino en la obscuridad del claustro."

"Sin embargo -añadió,- soy un simple hombre, y no Dios; por consiguiente me defenderé como lo hizo Jesucristo al decir: 'Si he hablado mal, dadme testimonio del mal.'. . . Os conjuro por el Dios de las misericordias, a vos, serenísimo emperador y a vosotros, ilustres príncipes, y a todos los demás, de alta o baja graduación, a que me probéis, por los escritos de los profetas y de los apóstoles, que he errado. Así que me hayáis convencido, retractaré todos mis errores y seré el primero en echar mano de mis escritos para arrojarlos a las llamas."(Conflicto de los Siglos pg. 168.169.)

Hay en nuestra vida una manera más fácil de vivir y es ser como todos, seguir sometidos a paradigmas del pasado, que todo depende del tipo de familia, de la educación convencional, no tengo dinero, no puedo, etc. Pero también allí está la oportunidad de entrar de lleno a la lucha y ser diferentes usando nuestro potencial tal y como lo hizo Martin Luther King junior, 1929-1968. Religioso estadounidense, premio Nobel de la Paz, uno de los principales líderes del movimiento para la defensa de los derechos fundamentales e importante valedor de la resistencia no violenta ante la discriminación racial. Para palpar su creencia luchó y luchó demostrando lo que pagó con su propia vida.

Confieso que no pudiera hablar de este concepto hasta que personalmente entendí que nada viene sin lucha, entonces dejé de quejarme, de murmurar y los ojos de mi mente se abrieron para ver oportunidades, puertas en los problemas y grandes oportunidades en los obstáculos. Mis enemigos son mis ojos de lo que yo no veo. Todo tiene una razón en mi vida y sé que todo ser que quiera o esté experimentando la buena voluntad, agradable y perfecta en su vida sabrá luchar con sentido.

**Cuando uno quiere nada es imposible y aprende de quien sea.**

"Los carpinteros dan forma a la madera; los flecheros dan forma a las flechas; los sabios se dan forma a sí mismos." (Buda.)

Los nuevos paradigmas requieren una actitud mental abierta. Se nos cuenta que Johann la madre de Ludwig se percató pronto de las dotes musicales de Ludwig y se aplicó a educarlo con férrea disciplina como concertista, con la idea de convertirlo en un niño prodigio mimado por la fortuna, a la manera del primer Mozart. En 1778 el niño tocaba el clave en público y llamó la atención del anciano organista Van den Eeden, que se ofreció a darle clases gratuitamente. Un año más tarde, Johann decidió encargar la formación musical de Ludwig a su compañero de bebida Tobías Pfeiffer, músico mucho mejor dotado y no mal profesor, pese a su anarquía alcohólica que, ocasionalmente, imponía clases nocturnas al niño cuando se olvidaba de darlas durante el día.

No fue en vano este esfuerzo y sacrificio del niño de tolerar a un maestro alcohólico que en Junio de 1784 Maximiliano Franz, el nuevo elector de Colonia que habría de ser el último nombró a Ludwig, que entonces contaba catorce años de edad, segundo organista de la corte, con un salario de ciento cincuenta gulden. Más tarde este niño se convirtió en el famoso Beethoven.

Un nuevo paradigma trae una nueva oportunidad, una nueva vida y si es la correcta nada es imposible. La lección más grande es que 'se posee la mejor actitud de aprender o la humildad de desaprender para reorganizar los conceptos que forman el carácter exitoso'.

### ¿Dónde surge ese nuevo paradigma?

**"Las personas cambian cuando se dan cuenta del potencial que tienen para cambiar las cosas." (Paulo Coelho.)**

Los paradigmas no respetan tiempo, lugar o edad. El otro paradigma que te espera puede surgir con un pensamiento, una idea en el baño. Ten cuidado puede surgir con algún impacto de escuela, un accidente. Una despedida de trabajo. Tal vez alguna pregunta provocada por alguna necesidad, un error, etc. No tiene tiempo o lugar, no respeta la edad o experiencia.

A David le llegó en el prado. A Pablo en su furia contra los cristianos. A Salomón en un sueño. A Pedro en el mar. A Mateo en la política. Lucas en su profesión. A Martin Lutero en el claustro. A John C. Maxwell en el ministerio. Al que empezó Home Depot en una despedida de trabajo.

El paradigma nuevo no respeta lugar puede ser en la iglesia durante el sermón, durante alguna junta de negocios, un juego de ches, en la cocina, en la mesa con la plática familiar. Quien sabe puede ser en ese momento de nostalgia, en la soledad, en la desesperación. A veces llegan en las emociones fuertes, enojo, ambición, inquietud. Muchos han surgido con un nuevo paradigma al enfrentar el miedo, la derrota o el despido de algún empleo.

Hoy nada me ha detenido para ser lo que sé que puedo ser. No por profesión sino por el poder de la mente, elección propia y bendición de Dios he llegado a transformarme en mi área de elección en un orador, evangelista, conferencista, líder, escritor, emprendedor y humano y mi limite es Dios.

Y la más grande verdad que he aprendido es que *La posibilidad y oportunidad sé que no está en lo que piensan de mí, sino en lo que sé que Dios me ha dicho que puedo y yo quiero ser.* Es por ello que "Si supiera que el mundo se acaba mañana, yo, hoy todavía, plantaría un árbol." (Martin Luther King Junior.)

# El Poder De La Mente 3

**Es un regalo**

Los regalos vienen de diferentes formas y saber apreciarlos es otra cosa. La mente en si es un gran regalo que todo humano recibe al nacer pero no todo humano lo sabe, reconoce y sobre todo utiliza. Se nos dijo ya que: "Es deber de toda persona, para su propio bien y el de la humanidad, conocer las leyes de la vida y obedecerlas con toda conciencia. Todos necesitan conocer el organismo más maravilloso: el cuerpo humano. Deberían comprender las funciones de los diversos órganos y como éstos dependen unos de otros para que todos actúen con salud. Deberían estudiar la influencia de la mente en el cuerpo, la del cuerpo en la mente, y las leyes que los rigen." (Mente Carácter y Personalidad tomo 1 pg. 3.)

Por décadas el hombre ha logrado grandes hazañas y vivido terribles fracasos. Unos le acreditan a la buena suerte su éxito, otros a la educación y más a la familia. Sin embargo hay una verdad que la mayoría de seres humanos no han reconocido y es el poder de la mente detrás de todo pensamiento, deseo y resultado en la vida.

La verdad simple y clara es que: "Dios ha dado un cerebro a cada ser humano. Desea que sea usado para su gloria. . ." (Mente Carácter y Personalidad tomo 1 pg. 7.) Nadie tiene menos ni más todos tenemos un cerebro dado por Dios, que verdad más grande que todos hemos recibido. La diferencia entre ser lo que fuimos creados ser y no serlo radica en saber, aceptar y utilizar este conocimiento y órgano. Desde ya te informo que esta sencilla verdad no se enseña en la universidad con un gran énfasis de importancia, es mencionado casi a escondidas si se menciona, se aprende, se reconoce y llega utilizar en el mundo de los que aprecian la vida raramente.

## La Mente

### ¿Entonces qué es la mente?

¿Qué es la mente del ser humano? ¿Tienes conocimiento en qué parte de tu cuerpo se encuentra? Las respuestas son vastas. Muchos Psicólogos nos dicen que la mente es una parte psíquica del hombre. Otros nos dicen que es parte del alma. La erudición Cristiana nos enseña que la mente es Dios y es imposible de alcanzar. Las definiciones son variables y mucha fuente de investigación.

En respuesta a esta gran pregunta y entendimiento de lo que todo el libro expone diremos y que creo que la mente no es Dios, no es solo psíquico, no es el alma sino **una capacidad que todo ser humano tiene como capital que puede ser invertido** bajo actividad de las células cerebrales las cuales se reciben desde que uno nace por dictamen de voluntad Divina.

En breve diremos que: "**La Mente es el nombre que se le da a las actividades de las células de tu cerebro**. No es una parte física de ti." (Edward A. Rodríguez.)

La mente en si podría ser las siguientes facultades como la Imaginación, Sentido, Instinto, Clarividencia, Sentimiento, Concepto, Percepción, Aptitud. La mente no es una materia, un órgano sino es una capacidad llena de poder que espera ser usada por el hombre que es su dueño. No la puedes tocar pero la puedes usar, no la puedes ver pero puede producir resultados visibles tal y como lo experimentamos día a día con el aire y oxígeno.

"La imaginación es más importante que el conocimiento" (Albert Einstein.)

La mente es un regalo de Dios a la humanidad. De todos los dones es uno de los más si no el más caro de todos los regalos naturales del cielo al hombre. Como es un regalo el hombre no le ha dado la suficiente importancia. Mi mundo ha revolucionado desde que he reconocido y aceptado este maravilloso regalo. De este regalo depende mi fructífera o infructífera existencia en este mundo, mi salvación o perdición, el éxito o fracaso de mi misión en esta vida y lo aceptes o no la tuya también.

Sin la mente el hombre es solo un vegetal, una nube que lleva el viento a donde quiere. Sépase por eso que, "Las palabras, débiles o poderosas son el alimento con el que nutres *tu mente, (el recurso con el que cuentas para crear tu realidad…)*"- Raimon Samsó. De manera simple pero poderosamente dijo al universo, "Tengo una mente, un regalo, ella tiene el poder de cambiarme, de transformarme, llevarme a donde quiero y no lo ignoraré más, la usaré y bendeciré a la humanidad con mi capacidad".

Este regalo es en realidad la voluntad de Dios, **es su poder en el hombre**, es la vida misma de lo que el hombre puede y no puede hacer en su existencia. Detente por un momento. ¿Lo habías pensado? ¿Habías reconocido este regalo? ¿Has aceptado este regalo? ¿Has utilizado este gran regalo con poder de éxito de tu propia vida en todos sus ámbitos? Este regalo es el deseo de Dios en el hombre pero en el hombre **es el poder que hace** su realidad.

Deseo que tu mundo cambie radicalmente al ver por ti mismo su poder. Es el poder de Dios manifestado en ti, para tu bien y allí radica la bendición en las manos del hombre para beneficiar a la humanidad. *Créeme que tu vida está en tus manos*, porque ***está en tu mente, está en tu manera de pensar, eso es lo que te hace o deshace.*** "Si lo puedes ver en tu mente lo puedes ver en la realidad." (Raimon Samsó.)

El consejo es que: "La cultura mental es lo que necesitamos nosotros como pueblo, y es lo que hemos de tener para satisfacer las demandas de la época. La pobreza, la cuna humilde y las circunstancias desfavorables que nos rodean no necesitan impedir el cultivo de la mente. Las facultades mentales han de ser mantenidas bajo el control de la voluntad y no debe permitirse que la mente divague o se distraiga con una cantidad de temas a la vez sin concentrarse en ninguno." (Mente Carácter y Personalidad tomo 1 pg. 103.)

### Es el centro de toda dirección

"Denme un pedal lo suficiente largo, y una pierna lo bastante fuerte y yo solo manejaré, moveré el mundo." (Arquímedes.)

He encontrado que la mente es el centro de todo lo que el hombre piensa, hace y logra. Desde esa base humana todo es dirigido. Ningún pensamiento nace si ella no está viva. No viene ninguna idea sin el permiso de ella. Las acciones no tienen existencia si ella no lo decide primero. Acertadamente nos decía Aristóteles, "Nada hay en la mente que no haya estado antes en los sentidos."

Tus mismos órganos no funcionarán si ella no dirige y lo más interesante es que ella tiene el poder no solo de dirigir sino de dar vida a todos tus órganos. Ella tiene una íntima relación con el sistema que distribuye todo lo que el cuerpo necesita para funcionar, eso es visto en la creación de Adán, primero fue un muñeco de tierra sin la capacidad de movilizarse, sin embargo en cuanto el aliento es introducido el poder de la mente viene a la existencia. "La mente controla al hombre entero. Todos nuestros actos, buenos o malos, tienen su origen en la mente. Es la mente la que adora a Dios y nos une con los seres celestiales. *Sin embargo, muchos pasan toda su vida sin llegar a ser inteligentes con respecto al alhajero que contiene este tesoro."* (FE pg. 426) (1896).

El mundo intelectual tiene su inicio en ella. Nada del conocimiento sirve si ella no lo acumula, si ella no lo activa no hay acciones. El poder de ella hace que tus acciones logren un resultado. Ella es la responsable de formar o deformar un carácter en ti tal como se ve en la vida del gran Salomón quien formó, destruyó y reconstruyó su carácter como es visto en su libro de Eclesiastés.

Tu personalidad nace en ella. Tu personalidad *no es lo que la gente ve, es lo que tú eres en tu mente como lo vemos en la experiencia de José en la Biblia, no comprendido por sus propios padres, odiado por sus hermanos, esclavo por envidia de sus hermanos, acusado de abuso sexual por su empleadora, en la cárcel pagando una condena que no era culpable pero en todo esto su personalidad se hizo, era y llegó a los puestos más grandes de su tiempo porque él no usó la etiqueta de la gente que dictaminó su destino, él se formó, él fue lo que él sabía que era, su personalidad fue creada por él mismo no las circunstancias.*

La vida al final no es lo que te pasa o sabes es lo que tu mente entiende, explica e interpreta así lo demuestra la vida del gran Mandela puesto en la cárcel en el sur de África por más de 20 años por pelear por los derechos de su gente, salir de allí perdonando a sus abusadores y después llegar a ser el primer ministro de su nación sin tener nada contra los que lo condenaron y proponerse usar su experiencia para el crecimiento de una nación demuestra esta gran verdad que la vida es lo que uno interpreta de ella y no lo que le pasa a uno. "Si dejas que el agua turbia se asiente, se volverá clara. Si dejas que tu mente turbada se asiente, tu rumbo se hará claro también." ( Amaury Rodríguez.)

Elena de White lo dijo: "La verdadera educación incluye el ser entero. Nos enseña el uso correcto de nuestro ser. Nos habilita para hacer el mejor uso del cerebro, de los huesos y de los músculos; del cuerpo, de la inteligencia y del corazón. ***Las facultades de la mente, por ser las superiores, deben gobernar el reino del cuerpo.*** Los apetitos y las pasiones naturales deben someterse al dominio de la conciencia y de los afectos espirituales. Cristo está a la cabeza de la humanidad, y es su propósito guiarnos en su servicio, por las altas y santas sendas de la pureza. Por la maravillosa operación de su gracia, hemos de llegar a ser perfectos en Él." (Mente Carácter y Personalidad tomo 1 pg. 51,52.)

La mente es el centro de toda la directriz cubriendo el todo del hombre, el mundo espiritual como visto en la vida de Job, el físico como se ve en Eneas en los días apostólicos e intelectual como lo demostró la intelectualidad del reformador y traductor inglés Wesley. Todo tiene su dirección directa o indirecta de la mente. "La mente de un hombre es capaz de todo, porque todo está en ella, el pasado y el futuro." (Joseph Conrad.) Tu pasado fue tu mente, tu presente es tu mente, allí está el botón de dirección para tu futuro.

## Es el centro del poder humano

"Cosas no cambian, nosotros somos los que cambiamos" (Henry David Thoreau.)

Después de vivir más de tres décadas en esta vida, de un sin número de estudios personales, colegio y otras materias en la vida, después de devorarme cientos de libros en mi existencia y sobre todo *después de presentar mil y una de preguntas en la vida* por qué unos son más prósperos, fieles, íntegros y espirituales y otros mediocres, fracasados y mendigos he encontrado una simple pero poderosa verdad que todo es el resultado de lo que está en la mente del hombre y no en la falta de educación, dinero o familia. *La mente es el centro del poder humano* y el que lo reconoce ha hecho el más grande descubrimiento después de conocer y aceptar a Dios.

"Se debería dar realce a la influencia que tiene la mente sobre el cuerpo y éste sobre aquélla. La energía eléctrica del cerebro, aumentada por la actividad mental, vitaliza todo el organismo, y es de ayuda inapreciable para resistir la enfermedad. Debería explicarse bien este punto. También se debería presentar el poder de la voluntad y la importancia del dominio propio, tanto en la conservación de la salud como en su recuperación, como asimismo el efecto depresivo y hasta ruinoso de la ira, el descontento, el egoísmo o la impureza y, por otra parte, el maravilloso poder vivificador que se encuentra en la alegría, la abnegación y la gratitud." (Mente Carácter y Personalidad tomo 1 pg. 61,62.)

También he descubierto y honestamente es la que más trabajo me ha dado digerirlo, que el centro de poder del humano no está en el dinero, en la profesión, ni en una muy buena familia, amor común, vivir en Estados Unidos o Europa desarrollada, no, no, no. Está en tu propia mente. Gente de sierra sin estudios lo confirman con esa audacia, capacidad y resultados en los negocios lo demuestran, universitarios no fue la universidad que los hizo capaces o grandes, *ellos mismos* directa o indirectamente encontraron la verdad en su mente, personas que aunque fueron a la escuela fueron los peores para sus maestros pero no para lo que *ellos quisieron porque así lo quisieron en su mente.*

No te has dado cuenta que gente millonaria no solo es de Estados Unidos de un mundo completamente desarrollado sino también de la India, México – donde vive el hombre más rico del mundo y la lejana Asia. Grandes cantantes no fueron solo los que asistieron a la universidad sino también surgieron de la vida común. Poetas vinieron de familias pobres y sin educación. Escritores han surgido dentro de prisiones, Benjamín Franklin nos dijo hace años: "Vacía tu bolsillo en tu mente, y tu mente llenará tu bolsillo." ¿Por qué no dijo que fueras a la escuela e invirtieras en la educación convencional? ¿Por qué no dijo que te aseguraras de tener un buen trabajo e invertir allí tú tiempo? ¿Por qué no nos aconsejó a ahorrar dinero o invertirlo? No, porque él supo que la verdadera inversión, educación y ahorro es aquella que tú eliges para adiestrar tu propia mente que nace todo, hace todo, dicta todo, logra todo en conexión a los demás recursos. Que gran verdad. Todo está en nosotros y no en lo que nos rodea o piensan de nosotros. Invirtamos en nuestra propia mente y ella nos regresará con creces.

Los más tontos para otros como consideraron a Tomás Edison, necios como Theodore Roosevelt, tartamudos como Demóstenes y pobres como el extraordinario Abraham Lincoln según la opinión secular llegaron a ser los más grandes inventores, genios, oradores, líderes y economistas del mundo. ¿Por qué todo este dispare de resultados? *Porque no depende del dinero, de la familia que te trajo al mundo, ni de la educación convencional. La verdad es la misma dependió y depende de entender que el poder del hombre radica en su propia mente, allí está el centro de toda posibilidad.* El secreto no está en ser sabio, sino en ser capaz **de usar la mente** con su sabiduría y capacidad. Se nos dijo: "No soy sabio soy ágil con mi mente" (Francisco Vzz.) Allí está el poder que todo lo puede en y por el hombre.

En tu mente allí está tu pasado, presente y futuro. Allí nace todo lo que ves en la tierra hecho por el hombre. ¿Porque? Allí nacen y están los grandes pensamientos. Ellos nacen en la mente. En ella los pensamientos se engendran. Los pensamientos dan sus primeros pasos en el mundo síquico. Así entonces la verdad es que: "Hace falta una mente muy poco corriente para acometer el análisis de lo obvio." - Alfred North Whitehead. ¿Dime si lo que te he dicho no es algo obvio? ¿Pero también dime cuántos lo reconocen y aceptan? ¿Cuántos han utilizado esta verdad?, ¿lo has hecho tú? La respuesta válida no son palabras, son hechos, resultados en la vida del individuo que lo está experimentando.

De este centro de control nacen los grandes hermanos de los pensamientos, los deseos que también son iniciados en el centro – la mente. No hay deseo que no fue engendrado en la mente. La mente es la madre de los deseos y el padre de los pensamientos que resultan ser deseos en el universo del hombre que afectan el destino de todo ser humano para bien o mal. Arthur Eddington escribió que, "La mente es nuestro primer y más directo punto de experiencia, y todo lo demás es inferencia remota."

Con todo esto la mente es entonces el nido de toda acción, en ella se engendra el éxito, la desgracia o la fortuna en todo sentido, ella es la base de toda verdad o mentira que rige a la humanidad. Albert Szent Gyorgi nos dijo, "Lo que sea que un hombre quiera hacer, debe primero hacerlo en su mente." Allí está el poder disponible para el hombre que le permitirá desarrollarse para el bien o mal en el mundo. La decisión es nuestra porque nosotros tenemos el poder.

## Controla el intelecto, salud y la felicidad del hombre

"Es la mente la que hace salud o enferma, la que hace miserable o feliz, rico o pobre." (Edmund Spenser.)

Debe entenderse y aceptarse que la mente no solo es el timón de la vida del hombre – intelectualidad. Cualquier tipo de fortuna, éxito y triunfo está a merced de la mente pero una mente capacitada, así lo dijo Louis Pasteur. "La fortuna juega a favor de una mente preparada." Es el centro de comunicaciones de todo el sistema de su gran empresa llamada cuerpo – salud. Por eso, "La mente domina el cuerpo; la mente no siempre domina la mente." Dijo (Frank Herbert Dune). En si es el único medio por el cual puede lograrse la comunicación sincronizada divinamente con todo el universo que le rodea – lo cual en resumen produce felicidad, el fin buscado por todo ser humano consciente de su destino en este universo. Alguien lo dijo: "Sólo a partir de mi mente puedo transformar al paraíso en infierno o al infierno en paraíso."

(Elena de White) expresó. "La relación que existe entre la mente y el cuerpo es muy íntima. Cuando uno está afectado, el otro simpatiza. La condición de la mente afecta la salud del sistema físico. Si la mente es libre y feliz, por una conciencia de bien hacer y un sentido de satisfacción en hacer felices a otros, crea una alegría que reaccionará sobre todo el sistema, produciendo una mejor circulación de la sangre y una tonificación de todo el cuerpo.

La bendición de Dios es un poder sanador, y los que benefician a otros con generosidad sentirán esa maravillosa bendición tanto en el corazón como en la vida." (Mente Carácter y Personalidad tomo 1 pg. 60.)

Sin la mente el hombre no tiene poder y si no la tiene no tiene posibilidad, no sirven los sentidos, no tiene dirección, no tiene la oportunidad de ser lo que fue creado a ser, no tiene razón la vida. El hombre que no sabe esta simple pero poderosa verdad no ha nacido, que no reconoce este conocimiento está perdido en una jungla y solo será un seguidor. El que no usa la mente y su poder es un parasito de la sociedad pues solo sabe consumir, no producir, ocupa un lugar que no es digno. En personas tales hay conflictos en lo sicológico, espiritual y físico y por ello hay graves consecuencias en sus vidas.

"Un hombre no está bien hasta que sea feliz, sano, y próspero; y la felicidad, la salud, y la prosperidad son el resultado de un ajuste armonioso del interior con el exterior del hombre." ( James Allen.)

Las confusiones que vemos en hombres y mujeres y desgracias humanas que es visto en la vida de muchos artistas y cantantes vienen como resultados de no entender que la mente controla y es la fuente del intelecto, la salud y la felicidad del hombre no el dinero y fama. Así se dijo: "Los hombres olvidan siempre que la felicidad humana es una disposición de la mente y no una condición de las circunstancias." - John Locke. Es bueno recordar lo dicho con aceptación: "No esperes a que cambie tu estado de ánimo, tu mente debe saber que tiene que ponerse a trabajar." (Pearl Buck.) Lograr este conocimiento ya es poder. Hacer lo que se sabe es potencial en acción. Vivir en ese poder de la mente es sinónimo de resultados de triunfo pues comenzarás con tener un nuevo paradigma eso te inducirá a tener nuevos resultados porque tienes un mejor carácter y un poder que jamás se acaba.

La verdad más grande de todas es que sin la mente, *no hay poder* de pensar, idear, razonar, desear, no hay lógica real, no hay voluntad, acciones, no existiera la maravillosa verdad del poder de decisión, elección y acción. De igual manera no puede el ser humano tener salud física si la mente no lo permite. "Tu destino físico está íntimamente relacionado a tu destino mental, emocional, financiero y relaciones. De hecho determinará si tienes un destino de verdad." (Anthony Robbins.)

Dentro de todo esto es la mente y no el corazón en si la que dicta que es felicidad y por eso es ella la responsable de hacerte o no un feliz ser humano. Por eso verdaderamente: "Un intelectual es una persona cuya mente se mira a sí misma." ( Albert Camus.)

(Mary Ann Evans) nos dijo, "Su mente ofrecía la curiosa combinación de humillarse en la región del misterio y de ser muy activa, fría y razonable en la del conocimiento." La mente es en si la única fuente donde está el semillero de toda oportunidad, la librería de toda posibilidad, ella es la cuna de la existencia del pasado, presente y futuro del hombre. Ella es la fuente de salud o enfermedad. Ella tiene el poder y el centro de control, la gran pregunta es ¿Quién la controla a ella? La respuesta no solo depende de ti sino que está en ti. ¿Entendiste?, está en 'T I'.

## Reconocerla es lo que hace la gran diferencia entre triunfar o fracasar

"Solo en la imaginación del hombre cada verdad encuentra efectividad y una existencia innegable. La imaginación y no la invención es el maestro supremo del arte como también de la vida." (Joseph Conrad.)

"Pues, ¿Qué es entender sino vivir de un modo más brillante y perfecto de la misma luz de la mente?" - San Agustín. Vivir es una cosa que todos logran de una manera u otra, vivir brillantemente es otra cosa, es algo raro, confuso y difícil para la mayoría pero no para los que conocen el poder de la mente. San Agustín lo logró y tú también puedes. No está cinco años en la universidad, no está en otros libros, en una familia, un conyugue, en el dinero, no, está en ti allí radica el poder que Dios ya nos dio para ser lo que sabemos, queremos y podemos ser.

El que entiende todo esto sabe que es la mente lo que permite la comprensión de un Dios que hace todo posible, el bien y el mal. Es ella el único canal por el que el cielo y la tierra se comunican en lo que es el hombre y Dios. Es por ello que el mal está en la lucha de echar a perder la mente para que pierda su poder y así todo lo demás pierde sentido, todo. He allí lo que ha hecho la gran diferencia entre triunfar y fracasar, está en el reconocer, usar y explotar este medio natural dado por Dios a todo ser humano sin excepción.

La empresaria Marta Stewart con su programa de televisión por acusaciones internas de una empresa fue puesta en cárcel. Su imperio de televisión, profesión y negocio se fue a los suelos en una noche. No teniendo nada más que el recurso natural de su mente, se preguntó qué hacer con lo que le quedaba materialmente. No tardó mucho en saber qué hacer, servir, ayudar e inspirar a otros a sobreponerse a sus limitaciones. Dentro del penal en lugar de destruirse y desanimarse decidió ayudar a las compañeras. Les ayuda a superar sus problemas, este detalle fue una terapia para ella misma.

Meses después sale de la cárcel tan convencida de servir y aunque todo estaba destruido su reputación, su empresa y su dinero volvió a construir y hoy sigue siendo Marta Stewart con la única diferencia que en este día es mucho más famosa por su valor, fuerte y experimentada que cuando fue acusada y casi vencida. La clave aquí está en que usó lo que tenía – su mente, no lo que le pasó o estaba pasando. Esta sencilla actividad hace la gran diferencia entre triunfar o fracasar.

"La luciérnaga brilla cuando vuela, la mente también." - Bailey. En realidad el éxito o fracaso del hombre en cualquier cosa en la vida no está en Dios, no está en el diablo, no está en la familia que te vio llegar al mundo, el país o la educación, *está solo en ti, está en tu propia mente.* Reconocer esto hace la gran diferencia entre bendición o maldición de nuestra existencia. Se escribió que, "¡la debilidad está en la mente, solo ella es la culpable de sentirnos cansados y sin ganas de nada!" – Israel De La Rosa. Y agrego yo también 'el poder', solo ella es responsable de sentirnos aptos, capaces de todo lo que sabemos, queremos y buscamos. Allí está la verdad de posibilidad de todo.

La mente no solo es un regalo, es el centro de comunicación para el hombre, Dios y la humanidad y sin duda *es el inicio de toda posibilidad del hombre*. No entender esto es vivir muertos en el mundo. No reconocer la importancia de la mente nos permite vivir esclavos a los conceptos de otros, nos convierte en siervos de la voluntad de los demás y así atrofiamos nuestro destino, fracasamos sin escogerlo voluntariamente. Fernando Savater dijo: "el secreto de la felicidad es tener sencillos gustos y una mente compleja, el problema es que a menudo la mente es sencilla y los gustos son complejos." Lamentablemente somos el resultado de otras mentes y la nuestra nunca ha sido usada como debiera.

Te invito, evaluemos si hemos reconocido el poder de la mente, ¿la hemos usado al máximo? El consejo es: "Los obreros de Dios han de esforzarse por ser hombres multifacéticos; es decir, deben tratar de tener una amplitud de carácter, y no ser hombres unilaterales, acostumbrados a trabajar en una sola forma, que entren en un surco y sean incapaces de ver y sentir que sus palabras y su defensa de la verdad deben variar con la clase de gente entre la que se encuentren, y con las circunstancias que deban enfrentar. **Todos debieran estar procurando constantemente tener mentes bien desarrolladas y superar los caracteres no equilibrados. Este debe ser su estudio constante si han de llegar a ser obreros útiles y de éxito.**" (Mente Carácter y Personalidad tomo 1 pg. 52.)

"Para entender el corazón y la mente de una persona, no te fijes en lo que hace, en lo que ha logrado, sino en lo que aspira a hacer." ( Khalil Gibran.) Es una bendición y de sabios no solo reconocer el poder de la mente, sino darle la debida importancia, su debido lugar en la vida, en los pensamientos, ideas y acciones diarias que afectan nuestro presente y preparan nuestro futuro.

## Vigilemos la ciudadela.

**"Si piensas que estás vencido, vencido estás; Si piensas que no te atreves, no lo harás; Si piensas que te gustaría ganar, pero que no puedes, no lo lograrás; Si piensas que perderás, ya has perdido; Porque en el mundo encontrarás que el éxito comienza con la voluntad del hombre." (Anónimo.)**

El concepto de cuidar la ciudadela es Bíblico. El apóstol Pablo lo dijo así: "Entonces *mirad con cuidado cómo andáis*, no como necios, *sino como sabios*." - Efesios 5:15. Al darle importancia a tal conocimiento de lo que poseemos por medio de la mente seremos sabios en darle el cuidado necesario. Estamos bajo una obligación moral en protegerla como un tesoro. Todo lo que oye, ve, siente es fuente de su alimento. Nadie que aprecie este tesoro lo descuidará, no permitirá lo negativo, lo malo o pernicioso en todo sentido pues los resultados son devastadores como el libro Sagrado señala en la vida del rey David, descuidó su mente y cedió al adulterio, asesinato, y la mentira que afectó a toda una nación.

"Todos deberían sentir la necesidad de mantener la naturaleza moral fortalecida por *una vigilancia constante*. Como centinelas fieles, deberían *guardar la ciudadela* del alma, y nunca sentir que pueden aflojar su vigilancia ni por un momento." – (Mente Carácter y Personalidad tomo 1 pg. 73,74)

Ciertamente es una persona disciplinada en todo, vigila lo que entra a su mente, lo que nutre su mente, lo que afecta, impacta y lo que le dirige como demostrado ante todo el mundo el gran personaje Mahatma Gandhi.

**Amar y proteger la mente es una elección no un destino.**

Así como todo órgano a nosotros nos toca darle la importancia y protegerlo, el cerebro no es la excepción. En nuestras manos está la oportunidad de elegir el guardar nuestra mente que es en sí un tesoro con posibilidades extraordinarias o no hacer, pero el colmo es no saber, aceptar lo que es la mente y todavía en ignorancia maltratarla, afectarla negativamente, educarla erradamente y aun así todavía buscar culpables de nuestra ignorante decisión porque decisión no tomada es decisión tomada. "En cualquier ramo de trabajo, el verdadero éxito no es resultado de la casualidad ni del destino. Es el desarrollo de las providencias de Dios, la recompensa de la fe y de la discreción, de la virtud y de la perseverancia. Las bellas cualidades mentales y un tono moral elevado no son resultado de la casualidad. Dios da las oportunidades; el éxito depende del uso que se haga de ellas." (Profetas y Reyes pg. 357.)

Una de las mejores elecciones que podemos hacer es decidir tomar tiempo para conocer nuestra mente, cuidarla y de sabios es amarla. El decidir cuidar la mente es una característica de los líderes, hombres y mujeres de respeto y éxito, no es parte de un destino, no nace, no viene como un milagro sino es creada por nuestra propia voluntad de proteger y amar esta gran bendición en lo que es el cerebro humano.

**La ciudadela no protegida.**

"El necio no sabe, el insensato no entiende" (Salmos 92:6.)

Siendo la mente la ciudadela del hombre es de importancia que no solo eduquemos sino que la cuidemos bajo una protección inteligente. Esto quiere decir que está en nosotros urgido que dediquemos atención en su protección por lo que permitimos que se dedique a pensar, que entra en ella por los ojos, oídos, aún por lo que palpamos y olemos debe existir cuidado voluntario.

Se escribió que: **"Por la contemplación somos transformados." (2 Testimonios para la iglesia pg. 479) (1870).** Poderosa verdad. Analiza de manera clara lo que debes ser, lo que quieres ser y si no lo encuentras formúlalo en tu mente, ¡tienes el poder de hacerlo! Recuerda que la contemplación, meditación, observación, evaluación en lo que se sabe, quiere y busca es lo que enciende el poder con el que *somos transformados.*

Todos los sentidos, facultades, capacidades del hombre que desean cuidar *el centro de control* que dicta al cuerpo y su futuro deben ser sensibles a todo lo que les influye. La verdadera cara de la moneda de la vida es que esta es lo que más descuidamos. No le damos la importancia debida. No solo lo que vemos afecta nuestra mente sino todo, todo lo que olemos, tocamos, leemos y oímos influencia, impacta, impresiona. Todo transforma nuestra mente de una manera poderosa. Todo lo que nos rodea influye en su transformación y por ley natural nuestra manera de vivir. Lo que somos es lo que hemos dejado permanecer, influenciar e impactar nuestra mente tal como vio en las noticias de la vida de Tiger Woods. Una mente descuidada te meterá en grandes reveses en la vida.

Los resultados de una mente no protegida es elección personal. En algún momento de la vida somos responsables de cada influencia en nosotros. Nadie nació drogadicto, asesino, celoso, envidioso, perezoso, vagabundo, alcohólico, mujeriegos y también 'hombreriegas' porque las hay también. Una persona no educada, abusada, fracasada, pobre tiene la bendición en la vida de poder cambiar, transformarse, mejorar, ser lo que quiere o someterse a lo que impacta a su vida en algún momento. No hay excusas al final somos lo que queremos, lo que decidimos y no lo que nos ocurre, afecta e impacta eso ve a las claras en la biografía de Oprah Winfrey, abusada en toda su niñez, se muere su hijo, ella de raza negra todo esto en realidad estaba en su contra, pero a pesar de esto ella decidió ser alguien y lo logró porque así lo pensó.

Creo por varios análisis que he experimentado que muchas enfermedades no son enfermedades verdaderas sino interpretaciones mentales de lo que está ocurriendo o sucedió en la vida de un individuo. La mayoría de las enfermedades son elegibles pues en su mayoría son provocadas por lo que dicen en la televisión, radio o algún individuo que comentó sobre ella, nuestra mente es tan poderosa que lo reconoce, acepta y trabaja para permitirlo en nuestra mente que se llega a ver en el cuerpo si nosotros decidimos aceptarlo así. Todo es permitido o bloqueado por nuestra propia voluntad.

Así que insistimos en la importancia de una protección voluntaria. La protección estricta a este don Divino debe nacer en personas responsables y capaces de escoger que desean que influya en su mente, la ciudadela de la vida, futuro pues allí radica el centro de decisiones, planes que afectarán nuestra vida radicalmente *no en lo que nos trata de influenciar sino en lo que dejamos nosotros que nos influencie.*

## Drogas y acciones que no ayudan al Cerebro.

### "El cuerpo humano es la mejor imagen del alma humana." (Ludwign Wittgenstein.)

El cerebro sabemos no solo dicta los actos de nuestros órganos y vida sino que literalmente está conectado con todo nuestro ser por medio del sistema nervioso, el cual es importante para la función de todo lo demás. En otras palabras con un sistema nervioso estable bendecimos voluntariamente nuestra vida, por el contrario si está alterado afectamos nuestra vida gravemente.

"Por lo cual, teniendo los lomos de vuestro entendimiento ceñidos... *no conformándoos con los deseos que antes teníais estando en vuestra ignorancia;* sino como aquel que os ha llamado es santo, sed también vosotros santos en toda conversación" (1 Pedro. 1: 13-15.)

Mientras vivas en el mundo civilizado no entender esta verdad serás culpable de ignorancia voluntaria porque tenemos a la mano información de todo tipo para educarnos sobre cualquier tema y así prevenir todo lo que está afectando nuestra mente directamente. Abunda mucha gente ignorante por su propia elección, no seamos uno de la estadística.

Sepamos entonces que como hijos de Dios debemos estar atentos a todo lo que podría afectarnos mentalmente pues las consecuencias son físicas y lo físico afecta nuestra razón, facultades y ellas nuestras decisiones, la cadena se extiende y así nuestra vida. Sin titubear debo decir que toda medicina, droga, alcohol, y aún ciertas plantas, hierbas mal usadas son los asesinos más poderosos de nuestro cuerpo. Durante años hemos visto caer a muchos famosos por el consumo de drogas y fármacos que han destruido no sólo sus carreras, sino también sus vidas. Nos referimos a estrellas tan importantes como Marilyn Monroe, Elvis Presley y Jimmy Hendrix. Estos son un pequeño ejemplo de los muchos casos de muertes que se han dado en el mundo del espectáculo a causa del consumo de algún fármaco o por influencia de alguna sustancia ilícita. Entonces, "…mientras usan venenos lentos y seguros, que arruinan su salud y rebajan las facultades de la mente, Dios no los puede aprobar…" (La Temperancia pg. 49)

Es comprobable que tú no tienes que ser un drogadicto para ser considerado un adicto a la droga aprobada. Sin embargo muchos de nosotros consumimos muchos químicos que afectan nuestro sistema nervioso y así nuestro cerebro. Entre ellas tenemos las drogas de farmacia, una taza de café o especialmente ahora está de moda esas **bebidas energéticas** con una alta cantidad de substancias que literalmente destruyen nuestras células cerebrales y sus resultados son vistos en una falta de memoria, cansancio, nervios alterados y dolores de cabeza.

La cruda verdad es que hoy día, "Por doquiera, Satanás procura atraer a los jóvenes al camino de la perdición, y si puede colocar una vez los pies de ellos en el camino, los apresura en su curso descendente guiándolos de un libertinaje a otro, hasta que sus víctimas pierden la sensibilidad de la conciencia y no tienen más temor de Dios delante de sus ojos. *Cada vez tienen menos dominio propio. Se entregan al vino y al alcohol, al tabaco y al opio, y van de un grado de disipación a otro. Son esclavos del apetito.* Aprenden a despreciar consejos que una vez respetaron. Se revisten de fanfarronería y se jactan de ser libres, cuando son los esclavos de la corrupción. Por libertad quieren decir que son esclavos del egoísmo, del apetito depravado y del libertinaje." (ST, 22 de Junio de 1891; Testimonios 243 en ingles)

## La vida sexual

Otro de los factores que afecta nuestra mente es dar rienda suelta a nuestros apetitos carnales, nuestras pasiones y deseos incontrolables. Toda actividad sexual utiliza nuestra energía, activa todo los órganos que bendicen el ser entero pero debe saberse que un mal uso de ello es peor que el uso de una droga. Aún los casados deben tener control de las actividades sexuales aunque permitidas para ellos los excesos no son saludables pues eso ha destruido a miles de seres humanos como visto en la vida del ex gobernador de New York Eliot Spitzer en 2008.

Los solteros deben saber que la complacencia personal tiene sus precios que pagar si alguien está bajo el hábito del vicio secreto o cualquier actividad sexual que no es permisible hasta que esté casado. Sépase que afecta doblemente su cerebro, su sistema nervioso y así su cuerpo y eso se manifiesta en una inestabilidad de carácter, su personalidad es tergiversada y nunca está en paz interior condición necesaria para el éxito mental, así se vio en la vida de Sansón perdiendo su misión, vista y finalmente su propia vida.

En la luz de cuidar de nuestra ciudadela se hace importante recalcar las palabras del apóstol Pablo al decir: "Así que, hermanos, os ruego por las misericordias de Dios, que presentéis vuestros cuerpos en sacrificio vivo, santo, agradable a Dios" (Rom. 12: 1). Si el cuerpo sede a cualquier demanda de todo apetito, estamos destruyendo la oportunidad de vivir en control de nuestra vida, de nuestra salud y así también de nuestro futuro.

**La mente se alimenta de todo.**

**"Es lo mejor para cada alma investigar cuidadosamente qué alimento mental se le ofrece para comer." (Elena de White.)**

La mente funciona gracias al funcionamiento completo del cerebro, como todo órgano tiene que ser alimentada es de suma importancia entender que el cerebro será lo que nosotros queramos que sea. El cerebro es uno de los órganos que debemos nutrir bien. Alimentamos nuestra mente primordialmente con lo que vemos, leemos, oímos y comemos.

**Ver**

Nosotros decidimos que ver o no ver sin embargo allí esta una de las escuelas que educa a la mente. Es importante que nosotros seleccionemos que ver. Quisiera recomendar la naturaleza, ella es un gran libro de texto para la mente evolutiva así lo demuestra en muchas de sus palabras, parábolas y sermones el gran maestro Jesucristo.

## Leer

Estudiar al ser humano con propósitos elevados proveerá una gran enseñanza instructiva, me refiero a biográficas, textos, artículos sobre la vida de personas que han triunfado y también fracasado. Indiscutiblemente todo libro de lectura sana es un elemento poderosísimo para la alimentación de la mente como lo experimento Anthony Robbins a sus 17 años de edad estando desmoronado emocionalmente y económicamente decidió levantarse en todo sentido de la palabra, se propuso recrearse leyendo cuanto libro encontrara sobre superación personal, solo, sin dinero, educación convencional y sin padres a su lado. Hoy es una eminencia en su profesión gracias a este principio.

## Oír

Hay mucho poder en el oído y debemos recordarnos que todo lo que escuchamos con persistencia es grabado en la mente, y así en el subconsciente como lo vivió y describe Napoleón Hill en sus libros y por lo tanto debemos escoger que escuchar y escuchar bien. Todo lo negativo y murmuro de alguien afecta nuestra educación sicológica y emocional si lo permitimos. Así que escojamos que escuchar. Intencionalmente debemos rodearnos de personas, mensajes y opiniones positivas, correctas, conceptos de elevados propósitos. Esto hará un cincuenta por ciento de la educación correcta y el otro cincuenta es buscado y producido por nosotros mismos.

## Meditar / reflexionar

La meditación, reflexión y pensamiento *profundo* es otro de las buenas maneras de alimentar la mente esta práctica produce hombres como John C. Maxwell poderosísimo orador, escritor y ministro. En ese momento la mente se nutre de pensamientos, ideas y deseos que hacen nacer acciones nuevas que afectarán nuestra vida para bien o mal. Acéptese, no hay excusas, "El conocimiento está al alcance de todos los que lo desean. Dios quiere que la mente llegue a ser fuerte, que piense en forma más profunda, plena y clara. Camine con Dios como lo hizo Enoc; haga de Dios su Consejero y no podrán hacer más que progresos." (Carta 26d, 1887. Elena de White.)

## Nutrición vegetariana

"Nada beneficiaría más a la salud humana que la evolución hacia una dieta vegetariana". – (Albert Einstein)

"Los animales son mis amigos y yo no me como a mis amigos". San Francisco de Asís. Anthony Robbins nos dijo: "Todos nos merecemos la vitalidad física que puede transformar la calidad de nuestras vidas." Este órgano también es alimentado con la buena nutrición orgánica. "La alimentación de los hombres superiores está basada en frutas y raíces crudas". (Miguel de Cervantes.)

"Al cabo de un año de haber dejado de comer carne, mis nuevos hábitos me proporcionaron placer y deleite. Además me parece que se ha venido desarrollando mi capacidad intelectual". (Lucio Anneo Séneca. Poeta y filósofo latino)

Las hierbas, los vegetales y gran cantidad de frutas proveen buen alimento para este órgano, como las grasas de los animales y comida rápida hacen lo contrario. Sépase que la comida cocida con altas cantidades de aceite cocinado afecta gravemente la nutrición y funcionamiento de este órgano especial tal como lo explica el doctor alemán Kosel

El saber comer es de inteligentes, el saber que comer es de sabios. Hay un poder en la buena alimentación. Hay una historia que me impacta sobre alguien de muchos logros en su vida. La verdad es que los logros son incontables cuando se cuida el cerebro con el cual es funcional la mente y se sabe aprovechar el poder de ella. Leonardo Da Vinci arquitecto de importantes construcciones, gran escultor, dibujante, pintor, inventor de los Cubos legó para grandes y pequeños constructores y para la construcción del primer BBVA, ingeniero y maestro de Bob el Constructor, en pocas palabras, una gran persona del Renacimiento.

Desde niño ya se veía que tenía gran capacidad para el dibujo, dibujando manzanas color café a los 4 años y una gran capacidad de observación gracias a sus potentes lentes, observando abejas desde 1 kilómetro de distancia. También sabía escribir de derecha a izquierda, es decir, al revés porque era zurdo, de forma que los investigadores tardaran en averiguar sus secretos e investigaciones. Toda estas realizaciones fueron gracias a que él sabía cuidar su cuerpo, cerebro y por ende su mente, uso su poder manteniendo una disciplina alimenticia completamente vegetariana.

"Una dieta vegetariana nos proporciona energía pacífica y amorosa, y no sólo a nuestro cuerpo; sino, sobre todo, a nuestro espíritu."(Pitágoras. Filósofo y matemático griego)

### Ejercicio

**"La primera riqueza es la salud." ( Ralph Waldo Emerson.)**

Es de inteligentes saber que el cerebro necesita el buen oxígeno, agua, sangre pura que provee vida a los músculos cerebrales para funcionar bien, y esa sangre surge del tipo de alimentos que consumimos en unión a un buen ejercicio.

Una persona enferma y obesa tiene la capacidad de hundirse por su propia elección. "El sol, el agua y el ejercicio conservan perfectamente la salud a las personas que gozan de una salud perfecta." ( Noel Clarasó.)

Robbins explica, "la noticia más excitante es que como cualquier otro patrón que da placer, el ejercicio puede llegar a ser una adicción positiva." No menosprecies la importancia del ejercicio y saber cómo y qué comer pues es la columna vertebral del funcionamiento del cerebro y así la vida de tu mente. "La única manera de conservar la salud es comer lo que no quieres, beber lo que no te gusta, y hacer lo que preferirías no hacer." ( Mark Twain.)

**La mente bien educada no vacila.**

**"Para la mente nublada toda la naturaleza esta lenta. Para la mente iluminada todo el mundo está encendido y brillando con luz." (Ralph Waldo Emerson.)**

Aunque es una verdad que la mente controla todo, es importante saber que a nosotros nos toca educarla. Nosotros tenemos el privilegio de dictarle lo que queremos que piense, haga y dicte. Si esto es así entonces es de suma importancia que si queremos buenos y grandes resultados debemos capacitarla – educarla para que lo haga. Se aconsejó, *"Ten cuidado de ti mismo y de la doctrina. Persiste en ello,* **pues así te salvarás a ti mismo y a los que te escuchen."** (1 Timoteo 4:16.)

Enfermo desde pequeño, con el asma siempre estaba bajo ansiedad. Desde pequeño logró una disciplina mental pero físicamente era muy débil, enfermo un día el padre le dice "hijo tienes la mente pero no el cuerpo". Con una mentalidad siempre firme se propuso diciendo, "me haré un cuerpo" con sus debiluchos músculos empezó a hacer gimnasio y logró mejorar su salud y tener un cuerpo fuerte.

En una ocasión ya con mente enérgica, cuerpo fuerte se encontró con dos jóvenes que le hicieron la vida miserable en sus años juveniles. Inquieto por los resultados que experimentó ese día se preguntó, ¿por qué esto si tengo una capacidad mental dinámica, cuerpo enérgico que más me falta? Su propia respuesta fue, usarla continuamente para traer mejores resultados. Este incidente en su vida dio inicio a una nueva meta, usó eso como trampolín para nacer de nuevo, se propuso practicar box y lo logró cambiando su vida en todo sentido pues este logro no solo lo libró de más burlas y abusos físicos con los muchachos sino que le abrió el concepto en la vida de que una mente firme, no vacilante logra sus objetivos.

Pero no podemos dejar de pasar que al niño Roosevelt le fascinaba muchísimo la lectura desde sus más tempranos años, a sus doce años alguien dijo de él, "es el más estudioso pequeño terco que he conocido en mi vida." Muy pequeño de edad viajó al otro lado del mundo. Le encantaba la observación de la naturaleza, los animales, especies y sobre todo los pájaros, escribió sobre ello en un sin número de artículos.

En fin la disciplina mental y firmeza en acción lograron que Theodore Roosevelt llegara a ser activista republicano, un representante de New York en la asamblea y fue en su tiempo quien más propuestas sometió, secretario de la fuerza naval, gobernador, vicepresidente y finalmente llegó a ser el presidente de la nación más poderosa del mundo, Estados Unidos por dos periodos y casi logra un tercero. Una mente educada y que no vacila siempre sabe pagar.

Se nos aconseja que: "La mente debe ser adiestrada por medio de pruebas diarias hasta lograr hábitos de fidelidad, hasta obtener un sentido de las exigencias de lo recto y del deber por sobre las inclinaciones y los placeres. *Las mentes así educadas no vacilarán entre lo correcto y lo equivocado,* como si fuera una caña mecida por el viento; pero tan pronto como el problema se presenta ante ellas, descubren de inmediato el principio que está involucrado, e instintivamente eligen lo correcto sin debatir largamente el asunto. Son leales porque se han adiestrado por medio de hábitos de fidelidad y de verdad." (Testimonios Para la Iglesia tomo 3 pg. 22. Inglés.)

Si nosotros somos hombres y mujeres que vacilamos, caemos y cedemos a las exigencias del mal o cualquier pasa o mata tiempo, al compromiso de nuestros principios y valores entonces el mensaje es claro, no tenemos una mente educada. Una mente educada no vacila, no cede, es siempre consciente y sensible a lo malo e incorrecto y siempre sabe lo que quiere y si no lo busca y siempre lo obtiene.

La disciplina es su amiga. Se somete a una ardua disciplina para lograr sus objetivos. Sus metas están en constante afinamiento y evaluación. Toda persona de éxito no solo sabe que tiene una mente, no solo sabe que tiene el poder, sino que usa su mente y poder *disciplinadamente* el apóstol Pablo, Lutero, Abraham Lincoln, José, Gandhi, Churchill lo comprueban en la historia de sus vidas.

## La mente en acción.

**"Cada poder del ser se fortalece por la acción." (Elena de White.)**

La mente es como todo órgano que si no se pone en acción pierde su razón de existir. La mente es puesta en acción con buen aire, buenos pensamientos y el ejercicio literal que hace que la sangre circule y así accionar todas las neuronas cerebrales. Que poder más grande el que tenemos cuando es cuidado y lo más lindo y poderoso es que incrementa su poder al ponerla en acción.

Si tan solo lo *supiéramos, aceptáramos y usáramos* seriamos poderosos en 'todo'. Un gran ejemplo de esta verdad es Cristo. También la fórmula para su logro está en las palabras de Él. "Jesús respondió: "*Amarás* (acción) al Señor tu Dios *con* todo tu corazón, con toda tu alma y *toda tu mente*." - Mateo 22:37. Esta es la medula de la verdad que todo lo piensa, todo lo puede, todo lo logra. Amar a Dios, la vida, a la humanidad con todo el corazón, con toda el alma y con toda la mente la fuente del ('Código De Toda Posibilidad.')

La mente en acción no solo nos eleva en principios y valores sino que nos puede llevar muy lejos en esta vida entregando todo a su funcionamiento. Como también la pereza mental tiene muchos reclutas y siempre están limitados. "En las vocaciones comunes de la vida, hay muchos que trabajan pacientemente, cumpliendo la rutina de sus tareas diarias, sin tener conciencia de los poderes latentes que, *puestos en acción, los pondrían entre los grandes dirigentes del mundo.* Se necesita el toque de una mano hábil para despertar y desarrollar estas facultades dormidas. Fueron hombres tales los que Jesús relacionó consigo; y les dio la ventaja de prepararse tres años bajo su propio cuidado. Ningún curso de estudio seguido en las escuelas de los rabinos o en las galerías de los filósofos podría haber igualado a esto en valor." (Consejos Para Maestros y Alumnos pg. 497.)

La lectura que se utiliza para la educación de nuestra mente, carácter y personalidad es una de las maneras de poner la mente en acción. La profunda meditación es poderosa en permitir la acción cerebral. Pongamos la mente a trabajar con ideas pues ella tiene el poder de producir cosas, eventos e historia. Recordemos y apliquemos que: **"Las mentes no nacen, son adquiridas por entrenamiento. La personalidad no viene por nacimiento, es desarrollada por la práctica."** (Dr. Link) en los 1950. Esto es poder en acción en la mente de los seres humanos exitosos.

"Hay una ley de la naturaleza intelectual y espiritual según la cual modificamos nuestro ser mediante la contemplación. La inteligencia se adapta gradualmente a los asuntos en que se ocupa. Se asimila lo que se acostumbra a amar y a reverenciar." (Conflicto de los Siglos pg. 611.) Usemos lo que ya tenemos con la ayuda del cielo.

Sorprendente historia. Blake Mycoskie en un viaje a Argentina fue impactado por dos cosas unas zapatillas usadas en Argentina, por la pobreza y necesidad de zapatos para niños. Regreso a Estados Unidos su mente en Argentina entró en acción, primero fue impactada por una realidad en ese país, luego meditó y finalmente nació una idea. De esta manera diseñó sus modelos e introdujo las zapatillas o como le llaman en argentina sus alpargatas. Empezó su empresa llamada Toms Shoes.

Prometió que con cada zapato vendido en Estados Unidos enviaría uno a Argentina para los niños pobres. Su éxito es extraordinario. Su primera entrega de zapatos, 10.000 fue en el 2006. En el 2007 entregó 50.000 en sur de África para niños necesitados.

Una mente en acción no se detiene, nace un horizonte siempre nuevo y creciente. Investigando necesidades en el mundo viaja con su equipo a África y reconocen una necesidad. En Junio 7 del 2011 introdujo un nuevo producto en su empresa llamado "One to one Eyewear", lentes de lujo y muy cómodos que por cada uno que compren en Estados Unidos él enviará uno a África a gente pobre que tiene problema de la vista.

*En toda esta acción mental comprendió que su misión era más grande y de esta manera decidió cambiar el nombre de su empresa a La compañía actual que tiene bajo el nombre de "Uno por Uno compañía".* Su filosofía es que suplirá necesidades en el mundo pobre con cada producto que traiga al mercado su empresa. Que innovación, el poder de la mente en acción, no solo satisface al individuo y le da éxito sino que siempre bendice al mundo con sus acciones intencionalmente benéficas.

**"No es suficiente tener una buena mente; el punto más importante es usarla bien." (René Descartes.)**

# El Poder Del Pensamiento 4

"En todo lo que pensamos, vive todo lo que creemos, como el último velo de nuestros espíritus." (Antonio Machado.)

**La ciencia que todo hombre debe estudiar**

Pensamiento es una palabra muy poco estudiada y considerada como parte integral de los grandes eventos de la vida del hombre. En realidad los pensamientos son el origen de todo lo que existe en el mundo. Este concepto es origen de Dios, Él mismo pensó antes de crear al universo, todo lo que nuestros ojos ven en la tierra, cielo, mar naturalmente Dios lo pensó y luego lo creó.

Nosotros somos su pensamiento en acción. Así es con el hombre todo lo que ves inventado, realizado y creado en el mundo del hombre originó en el pensamiento. **El Buda nos dijo: "Nosotros somos lo que pensamos. Todo lo que somos comienza con nuestros pensamientos. Con nuestros pensamientos, hacemos nuestro mundo."** Este concepto aunque sencillo solo radica en los pocos que hay hecho del mundo su escuela y oportunidad de realizarse y lograr ser una bendición a la humanidad.

El pensamiento no solo es una palabra que debe estudiarse sino en la universidad de los grandes es una ciencia que a todos les haría bien estudiar y lograr un doctorado en ella por experiencia propia. El consejo que tenemos es entonces que en todo ser humano, "La escoria de los principios y las prácticas dudosas, debe ser barrida. El Señor quiere que la mente se renueve, y que el corazón sea lleno de los tesoros de verdad." (Mente Carácter y Personalidad pg. 37.)

Toda ciencia es la materia que explica la razón de la existencia de cada elemento, creación, formación y posibilidad. El pensamiento como ciencia es elemental en el código de toda posibilidad pues él es el padre de todo lo que fue, es y será mientras estemos en este mundo.

¿Aprecias el pensamiento como un poder? ¿Sabías que es una materia que debe estudiarse? ¿Has dedicado tiempo al estudio del pensamiento como una ciencia de las grandes posibilidades? ¿Empiezas a reconocer, conocer el código?

**El pensamiento es un trabajo habitual**

Pensar aunque es lo más fácil y barato que puede hacer un hombre es lo que más le cuesta tanto en energía como en dinero. Henry Ford quien surgió de la pobreza y sin educación convencional expresó que, "Pensar es el trabajo más duro que existe. Y por eso muy pocas personas lo realizan." Henry Ford supo que aunque el poder pensar es un recurso natural no todos lo usan. Él hizo que fuera un hábito. Pensar es un trabajo y por ello debe volverse un hábito en los seres humanos de éxito. Nada en la vida es gratis y pensar no es la excepción, si uno quiere algo debe buscarlo, uno debe entregarse a lo que desea y pagar el precio. El pensamiento habitual es un trabajo que se encuentra en la conciencia despierta a su potencial.

"Es una ley de la mente que ésta se estreche o amplíe según las dimensiones de las cosas con que llega a familiarizarse." (Mensaje Para Jóvenes pg.260.) Está en nuestro poder hacer que la mente se expanda, crezca y amplíe con tan solo ponerla a pensar, requiere esfuerzo pero tiene grandes consecuencias.

Pocos son los que saben del poder del pensamiento y por ello solo pocos son los grandes y reconocidos líderes de empresas, iglesias y naciones. Pocos son los millonarios, los políticos destacados. Pocos son los inventores, pocos son los poetas y pocos son los soñadores con éxito en comparación de los billones que existen en este mundo. ¿Por qué? Porque pocos han hecho del pensamiento un hábito con provecho.

"Es una ley de la naturaleza que nuestros pensamientos y sentimientos resultan alentados y fortalecidos al darles expresión. Aunque las palabras expresan los pensamientos, éstos a su vez siguen a las palabras. Si diéramos más expresión a nuestra fe, si nos alegrásemos más de las bendiciones que sabemos que tenemos: la gran misericordia y el gran amor de Dios, tendríamos más fe y gozo." (Ministerio de Curación pg.195.) Los hábitos no nacen, se hacen, se forman, se crían, se logran, se expresan.

La verdad es que pensar *es un hábito buscado* que requiere el trabajo de dedicarse a esa opción que ha hecho grandes hombres y mujeres en todo el mundo. Raimon Samsó lo expresó por experiencia, "Pensar es duro, lo sé, y pensar 'fuera de lo establecido' es más duro aún porque es como 'ir contra corrientes'."

La razón porque muchos no aprecian o no se han dado cuenta del poder del pensamiento es porque les encanta que otros piensen por ellos y por eso es que entre las religiones nos tienen solo diciendo *amén,* en los negocios solo *comprando,* en la salud bajo maldición de *visitar a los doctores,* en el dinero *respetando y viendo con la boca abierta* a los millonarios. En el mundo de la literatura como loros repitiendo el bagazo de otros. Que desgracia y maldición vivir la mente de otro, el pensamiento e idea de otros inteligentes que si encontraron la bendición de pensar y por ello, son los lideres, maestros, políticos, científicos, inventores, emprendedores, conferencistas, etc.

Por lo tanto debemos primero apreciar el pensamiento. Y es de inteligentes aceptar el poder del pensamiento. Capturar la verdad que engendra el pensamiento hace que uno logre un lenguaje de éxito en la vida. En la mente esta la base y los recursos que se necesitan para lograr el pensamiento que empieza el fruto. Por lo tanto entendamos que pensar es natural pero pensar en grande es excepcional y por lo tanto "cuando el pensamiento y las palabras que lo expresan se empequeñecen, la realidad le siguen en su viaje hacia lo minúsculo." (Raimon Samsó.) *Por lo tanto dime como piensas y te diré que quieres, dime como hablas y te diré que tendrás, dime como trabajas y te diré a donde llegarás.*

Hay dos maneras de pensar, la voluntaria u obligatoria. La mayoría es obligatoria. La gran mayoría piensa pero no solo pensemos por pensar, pensemos con objetivo, con meta, con visión a ser lo que queremos ser, lograr lo que deseamos lograr, y trabajar por lo queremos y no por lo que otros quieren que hagamos. Cuando vivimos en el mundo del poder del pensamiento siempre hay vida y la vida produce por lo que se piensa objetivamente.

El hábito nace cuando una y otra vez nos sometemos a pensar. Debemos escuchar. "Id más abajo de la superficie; los más ricos tesoros del pensamiento están a la espera del estudiante hábil y diligente." (Mente Carácter y Personalidad tomo 1 pg. 104.) Repito el pensamiento con éxito es el que se vuelve un hábito y el que deseamos lograr.

Se afirmó que, "Primero hacemos nuestros hábitos, y después nuestros hábitos nos hacen a nosotros." (John Dryden.) Pensar es fácil, pensar con objetivo hace un hábito y este nuestro carácter, ese es el poder del pensamiento como un hábito.

## El pensamiento por medio de la observación

"El talento se forma en la soledad; el carácter, en el bullicio." (Wolfgang Goethe.)

"No importa de quién se trate. . . el Señor os ha bendecido con facultades intelectuales capaces de vasto desarrollo. *Cultivad vuestros talentos con fervor perseverante. Educad y disciplinad la mente por el estudio, la observación* y la reflexión. No podéis encontraros con la mente de Dios a menos que pongáis en uso toda facultad." (Mente Carácter y Personalidad tomo 1 pg. 3.) Aprender a pensar es una cosa, querer encontrarnos con la mente de Dios es un logro poco alcanzado, una experiencia que solo los que saben pensar logran.

La observación es algo que debe aprenderse a dominar. Es un hábito que hace nacer esta capacidad en un ser humano. La observación es lo que menos hacemos. Créeme que la observación es el pájaro que pone muchos huevos de pensamientos extraordinarios en la mente del humano que busca oportunidades y posibilidades en esta tierra.

En esta vida el que no aprende a observar pierde una buena parte de su capacidad de hacerse grande y prosperar. La observación es lograda con el deseo de aprender, de saber, de investigar, de analizar. El terreno de la observación es la fuente de preguntas que buscan esas respuestas para lo deseado, y sobre todo lo pensado y soñado.

Saber observar para aprender, para evitar y para dar las respuestas a muchos misterios es lo que ha dado como resultado un Einstein, un Salomón y científico moderno. La observación en verdad sabe pagar pues ella da los más ricos, profundos y productivos pensamientos con grandes posibilidades.

Una gran historia que establece este punto aquí expuesto es la historia de Peter Gabriel además de grandes logros en su vida, cantante, autor, en 1988 trabajó para realizar un viaje con el grupo de Amnistía Internacional. Viajó a varios países *y mientras observaba la brutalidad* que muchos habían experimentado nació el deseo que ayudar mundialmente a estos seres humanos y pelear por los derechos humanos.

En ese momento de observación voluntaria nació en su mente la fundación llamada "Witness" (testigo) en 1988. No fue sino en

1992 que fue realizada. Esta fundación ha traído la ayuda a miles de personas que están siendo abusadas en todo el mundo. Su fundación trabaja en cadena a otras fundaciones con reconocimiento nacional e internacional. Hoy él es famoso por esa iniciativa que nació por el poder de la observación.

Jaime Balmes nos dijo que "La atención es la aplicación de la mente a un objeto; el primer medio para pensar es escuchar bien." La observación tiene como amigo escuchar bien, la atención a algo, es un medio que busca camino, respuestas, sus salidas son como el sol cada día, como el aire para un ser humano bajo agua.

La observación tiene todo como un centro de estudio, todo se vuelve un libro, nada pasa desapercibidamente. Problemas, circunstancias o eventos comunes o difíciles. "El espectáculo de lo bello, en cualquier forma en que se presente, levanta la mente a nobles aspiraciones." (Gustavo Adolfo Bécquer.)

En la vida todo tiene su origen en la mente lo sepamos o no. Nuestro futuro empezó desde que nacemos a ver con los pensamientos, cuando oímos con los pensamientos, cuando hablamos con los pensamientos entonces empezamos a vivir. Alguien dijo: "Deja que los pensamientos positivos, fuertes y útiles entren en tu mente desde niño." (Swami Vivekananda,) lo demás vendrá por si solo en tu vida. Y si no te has dado cuenta así ha sido. Eres lo que has sido en tus pensamientos y serás lo que tengas *hoy en tus pensamientos*.

El hábito de observación se aprende, no se nace con él. Está a la mano de todos los que han llegado a la convicción que si se puede y lo engendra en el momento que decide hacerlo. Este hábito nace por la práctica cinco a diez minutos todos los días en cualquier lugar que escojas el hará presencia. Da tiempo cada día para ella y ella te dará grande sabiduría, inteligencia y el poder de grandes oportunidades.

Este tipo de pensamiento por la observación no nace al azar, es el resultado de haber entendido el poder del pensamiento y así entonces se logra por:

- **El deseo voluntario de desarrollar el hábito del pensamiento.**
- **Se empieza con un minuto a cinco, de cinco a diez minutos y así sucesivamente.**
- **Esta habilidad se logra dedicando momentos intencionales a observar todo lo que puedes ver y oír.**
- **Mientras más se madura el hábito se vuelve más selectivo en lo que se quiere observar.**
- **Las preguntas son amigas de lo que puede provocar tal momento, especialmente las preguntas que comienzan con el ¿Para qué es esto, aquello? ¿Cómo?**
- **Expresiones como ¡Wow! ¡interesante! ¡no lo sabía! ¡No lo había escuchado, visto!, Etc.**

### El pensamiento por medio de la Reflexión

Reflexión es una capacidad que obtienen los que han llegado a amar al pensamiento. Para los que saben que los pensamientos son camino a una vida próspera en todo sentido entonces no esperan que venga sino que intencionalmente se someten a la reflexión. Ellos la buscan pues en ella encuentran donde están, quienes son y les da el privilegio de intentar otra vez.

En realidad la reflexión da los pensamientos que evalúan, analizan y revisan la vida personal, el proyecto sin o en progreso. La reflexión es la capacidad de someterte a nuevas maneras de hacer las cosas. Pero entiende que solo nace si tú lo aplicas, ella es delicada y no te buscará si tú no la invitas a tu vida.

En la reflexión tu sabes que, "La ignorancia es la noche de la mente: pero una noche sin luna y sin estrellas." (Confucio.) Si tu noche no tiene estrellas pónselas tú, la reflexión tiene su precio y eso es que tú debes darle tiempo, debes sacrificar el placer para su visita, debes aceptar que todo puede mejorar y está en el poder del pensamiento reflexivo en cualquier situación, evento, o momento.

La ley que rige al hombre para el cumplimiento de su razón de vida es que mejore constantemente. "El Señor le ha dado al hombre capacidad para mejorar continuamente, y le ha concedido toda ayuda posible en el trabajo. Mediante las provisiones de la gracia Divina, podemos alcanzar casi la excelencia de los ángeles." (Mente Carácter y Personalidad tomo 1 pg. 9.) ¿Si imitar a un hombre de éxito es algo grandioso que es llegar a ser como un ángel con todas sus capacidades y potencia?

Este tipo de pensamiento te ayuda de manera clara y concisa a corregir, reaprender y encontrar nuevos medios, tácticas y oportunidades en la vida en general. Métete a la reflexión voluntaria y verás grandes resultados por tan solo hacerlo. No te arrepentirás. Esta manera de pensar es una capacidad, es el camino que produce nuevos caracteres, deseos, aspiraciones posibles de alcanzar.

Todo lo que vemos creado del hombre en algún momento solo fue un pensamiento, pensamiento que surgió de mil maneras y formas. En este contexto debe entenderse que los pensamientos con grandes efectos también nacen en la reflexión. La reflexión es parte integra del poder del hombre de lo que le es posible llegar a ser y es el poder de recrearse, renovarse o mejorar en lo que esté involucrado. Salir de donde estamos a algo mejor, un nuevo método o estrategia, sistema o concepto es el resultado de un pensamiento nacido en la reflexión que llega gracias a la capacidad de reconocerla.

Solo el que le dé el lugar debido a la reflexión podrá gozar no de los pensamientos, sino de los grandes y productivos pensamientos. Alguien nos dijo que "el silencio libera a la mente de su jaula verbal" (Jaime Tenorio Valenzuela.) Esto es lo que ocurre cuando se reflexiona intencionalmente y con interés se vive una libertad envidiable.

Hace décadas se lamentó al decir: "Muchos de nuestros obreros podrían ser hoy gigantes intelectuales si no se hubieran conformado con alcanzar a un nivel bajo, y hubieran sido diligentes y hubieran permitido que sus pensamientos e investigaciones cavarán hondo. Muchos de nuestros jóvenes corren el peligro de ser superficiales, de no crecer hasta la plena estatura de hombres y mujeres en Cristo Jesús. Consideran que tienen un grado suficiente de conocimiento y comprensión de los temas, y si no aman el estudio no cavarán hondo para obtener todos los tesoros que podrían adquirir."(Mente Carácter y Personalidad tomo 1 pg. 104,105.)

La mayoría ha escuchado del gran autor Stephen R. Covey y uno de sus best sellers fue el libro llamado "Los 7 Hábitos De La Gente Altamente Efectiva". Este libro no solo ha impactado a millones de seres humanos sino además es uno de los libros que Universidades usan como libro de texto.

Lo que más me impacta es que el libro es el resultado de la reflexión e investigación del autor de la vida de más de 200 años de literatura con éxito para un programa de doctorado que estaba realizando. Allí en un día de reflexiones a mediados de los años 70 sobre lo que estaba investigando nació uno de los mejores clásicos en la historia de la literatura moderna ("Los 7 Hábitos De La Gente Altamente Efectiva".)

El pensamiento nace donde hay conciencia de su valor, de su potencial, de su poder. En otras palabras todos piensan pero no todos se aprovechan de esa mina de oro en su propio ser – el pensamiento reflexivo. Raimon Samsó nos dijo que, "como pensar fuera de lo 'establecido', o al margen de lo que está ocurriendo, resulta muy difícil para la mayoría de la gente, muy pocos son diestros en el arte de modelar su realidad usando su mente."

Esta manera de pensar es el resultado de:

- Apreciar el poder del pensamiento. De otra manera no existe.
- Es voluntario.
- Es intencional.
- La reflexión empieza con el deseo de cambiar, mejorar y ser diferente o servir, ayudar, inspirar.
- Esta habilidad se inicia con preguntas, ¿Dónde estoy en la vida? ¿mi carácter debe cambiar, mejorar, ser diferente? ¿Qué soy para mi familia? ¿Cómo me ve mi familia? ¿Mi patrón que piensa de mí? ¿Cuál es mi intención en esto y aquello? ¿Qué puedo hacer para salir de esto o aquello? ¿Cómo mejorar mi carácter, personalidad? ¿Qué le falta a este proyecto? ¿Cómo ayudar o servir a? Etc…
- Debe dedicársele tiempo todos los días, de cinco a diez minutos, de diez a veinte, etc…

"Lo importante no es escuchar lo que se dice, sino averiguar qué es lo que se piensa." - Juan Donoso Cortés. ¿Por qué? porque, "un momento de irreflexión, un sólo paso mal dado, puede cambiar toda la corriente de su vida en la dirección equivocada." – (Mente Carácter y Personalidad tomo 1 pg. 35) Que solemne pensamiento. Volvámonos reflexivos intencionalmente.

## El pensamiento por medio Circunstancial

Es de suma importancia entender que sin darnos cuenta *siempre hay pensamientos en la mente, la vida en general,* tanto en los problemas, por asuntos emocionales, espirituales, negocios, *algo siempre está pasando en la mente* y eso reconocido o no es llamado pensamiento. El poder de entender esto es que unos se dan cuenta de ellos y los aprovechan y otros viven en ellos sin conocerlos y así viven sin un mundo propio sino en el ajeno.

Quiero decir que el pensamiento circunstancial es aquel que no esperabas pero que llegó por algo inesperado, al azar o instantáneo y dependiente de algo vivido. Por algo que en su momento puede aparecer insignificante, en el ir y venir de cada día o noche puede uno pescar, agarrar o encontrar pensamientos que nunca pensaste encontrar y por ello debemos volvernos captores de esos pensamientos circunstanciales.

(Johann Wolfgang Goethe) lo dijo así: "El mal está sólo en tu mente y no en lo externo. *La mente pura siempre ve solamente lo bueno en cada cosa*, pero la mala se encarga de inventar el mal." En cada cosa puede aparecer el pensamiento circunstancial que si después de ese incidente, momento, segundo le das atención se puede volver una idea, un concepto nuevo, en tu futuro. Ese átomo de pensamiento en los momentos comunes tiene el potencial de ser algo grande en la vida. Por ejemplo el Mickey Mouse que se ha vuelto un icono de los niños nació en un pensamiento circunstancial mientras el autor viajaba de un lugar a otro en un día común en New York.

Este tipo de pensamiento te ayuda a apreciar cada momento vivido, cada circunstancia e incidente para ser lo que no eres, tener lo que no tienes y soñar lo que puedes soñar en el momento menos esperado. Tiene una verdad que no deja de dar frutos para el que sabe aprovecharlo. "La improvisación, como experimento lúdico, es la recuperación en cada uno de nosotros de la mente salvaje, de nuestra mente original de niños." (Stephen Nachmanovitch.)

La cuna de todos los eventos del hombre entiéndase está íntimamente relacionado al pensamiento más insignificante para el hombre descuidado. Los pensamientos son los que nos hacen, los pensamientos reflejan quienes somos, donde estábamos, donde estamos y dictan el futuro de cada ser humano si así lo elegimos o no. Hay una bendición en esos momentos sin significado en la vida de muchos si se aprovechan pueden darnos el oro, el proyecto, la misión y la fuente de un mundo inimaginable.

No dejaré de mencionar aquí la historia del presidente de República Dominicana un vivo ejemplo del poder del pensamiento circunstancial. Creció en New York y cuando viajó un día a República Dominicana se dio cuenta de una gran diferencia de desarrollo material, social y político. Fue en ese momento que nació en su mente la idea de que el haría todo para que un día él fuese el medio de traer un cambio a su nación.

Los años pasaron hasta que un día llegó a ser el Presidente de su nación. He aquí el poder de lo que puede hacer el pensamiento circunstancial. No lo esperabas pero lo encontraste. Recordemos que todo momento de la vida es de suma importancia para el futuro de nuestras vidas, familias y quien sabe aún de naciones.

Recordemos que los pensamientos no piden permiso para nacer, pueden llegar en el baño, en la calle, mientras trabajamos, de rodillas o en la lectura de un libro. Los pensamientos vienen a cada momento y se van. *Sépase que solo triunfan cuando uno le da el lugar debido y los reconoce.* Cuando uno entiende el poder del pensamiento accidental es cuando en verdad uno intencionalmente los hace nacer, los aprovecha, los encuentra, los usa, los hace producir.

Debemos hacer de lo circunstancial nuestro laboratorio y debemos estar allí cuantas veces debamos pues allí hay cosas, inventos e ideas que jamás habíamos pensado, solo debemos estar atentos a esos viajeros en nuestra mente en momentos menos esperado y circunstanciales que nos dan la oportunidad de hacer algo, lograr algo en esta vida.

La mejor estación para aprovechar este momento es ahora, ¿qué estás pensando? Allí puede estar la solución al problema. La salud que necesitas, el dinero que buscas, la paz que necesitas o la oportunidad que añorabas. Por eso, "Flores en primavera, la luna en otoño, una brisa fresca en verano, nieve en invierno. Si tu mente no está ocupada de cosas innecesarias, ésta es la mejor estación de tu vida." (Wu Men Kuan.)

En este espacio de nuestra vida el pensamiento circunstancial aunque no es intencional, no es provocado por uno mismo, en otras palabras no surge porque así lo deseamos sino que alguna circunstancia lo hace nacer, esta manera de pensar se logra al respetar cada incidente en la vida y voluntariamente buscar una lección, un mensaje, un conocimiento de ese momento, por lo tanto debemos recordar que:

- Nace en cualquier circunstancia.
- No tiene hora, lugar y no respeta la razón.
- El individuo debe ser hábil para detectarlo.
- Tiene sus momentos en todo tiempo día y noche.

**Pensamiento por medio de la meditación**

De igual forma que el pensamiento por observación o reflexión este tipo de pensamiento es intencional, es provocativo y nace porque tú lo quieres tener. Este tipo de pensamiento llega cuando tú te tomas el tiempo para desconectarte de lo presente por un momento y buscas ser algo nuevo, diferente o mejor, *en este tipo de pensamiento tú te encuentras con tu conciencia, tu corazón y tus valores y principios*.

En realidad este tipo de pensamiento ayuda a desarrollar tu carácter, tu vida y tu personalidad, ese es el más grande poder de él. La meditación es un medio súper, súper importante en la vida de cualquier individuo para la superación personal, espiritual, moral y sociable, sin embargo pocos lo saben y pocos lo buscan.

Este es el medio más efectivo para conectarte con la mente infinita. En la meditación el pensamiento te une con la divinidad, con la verdad o abre el sendero para que detectes la mentira que te quiere robar la paz. En la meditación tú tienes un encuentro con las verdades que la mayoría evade por no querer hacer un cambio. Allí tienes la capacidad de desnudarte, conocerte, ver dónde estás y vestirte con nueva ropa si así lo deseas. En ella encuentras nuevo poder, nueva oportunidad, nueva luz.

En este tipo de pensamiento en realidad forma los caracteres que han hecho historia en la vida, aquí nacen en un pensamientos los grandes valores reflejados en la humanidad. La personalidad se forma en esta atmósfera de pensamiento pues ella tiene el poder de recrearte, de rehacerte con tan solo un nuevo pensamiento nacido en la meditación provocada, selectiva e intencional.

Un gran ejemplo de este poder está en la vida de Maximiliano Kolbe se hubiera dejado vencer por la crisis que en 1910 le empujaba a abandonar el seminario franciscano en el que se encontraba, el mundo no habría tenido su ejemplo heroico de santidad en Auschwitz en 1941, ni tampoco la institución que fundó y que hoy atiende a cientos de miles de personas en todo el mundo. Es bastante natural tener dudas, y que esas dudas se disipen con la ayuda, a veces inopinada, de otras personas. En el caso de Maximiliano Kolbe, fue una visita imprevista de su madre al seminario. El chico estaba decidido a explicar a su madre sus dudas y su deseo de dejar el camino franciscano para seguir la carrera militar, pero, antes de que lo hiciera, ella le habló con tanta ilusión de la vocación de sus otros hijos, que el pequeño Maximiliano se encontró fortalecido por el entusiasmo de su madre y aquello lo sumergió a una gran meditación y fue esto lo que disipó sus dudas, y acabó siendo un gran hombre dentro de su llamado, considerado por la historia como santo, hoy patrono de Europa, actitud a emular.

La Biblia enseña este principio claramente:

- Sal. 1:2. "Antes en la Ley del Eterno está su delicia, y en su Ley *medita de día y de noche*."

- Sal. 5:1. "Escucha, oh Eterno, mis palabras. *Atiende mi meditación*."
- 1 Tim. 4:15. "*Medita en estas cosas*, entrégate del todo a ellas, para que todos vean tu aprovechamiento."

El mejor momento de meditación es el silencio, dejar de hablar y escuchar en las tinieblas de la vida, en la crisis, en los problemas este tipo de pensamientos nace como semilla nueva en la mente. Se dijo antes que: "Cuando la mente está completamente silenciosa, tanto en los niveles superficiales como en los profundos; lo desconocido, lo inconmensurable puede revelarse." (Jiddu Krishnamurti.)

Este tipo de actitud, de hábito y deseo llega a ser natural. La Biblia nos dice: "Por lo demás, hermanos, **todo lo que es verdadero, todo lo honorable, todo lo justo, todo lo puro, todo lo amable, todo lo que es de buen nombre; si hay virtud alguna, si algo digno de alabanza, *en eso pensad*.**" (Filipenses 4:9.)

El que entiende el poder del pensamiento en general pero especialmente en la meditación es, "El tipo más noble de los hombres tiene una mente amplia y sin prejuicios. El hombre inferior es prejuiciado y carece de una mente amplia." ( Confucio.) Seres humanos que solo ocupan un lugar en el mundo y que se irán sin encontrar su razón de existencia ellos no piensan, no meditan, no reflexionan y no tienen tiempo para pensar solo siguen a la masa de pensamientos ajenos. Y lo peor es que no tienen paz, no conocen a Dios y pierden la oportunidad de ser prósperos en todo.

**"Yo pienso, consecuentemente Yo soy." (Rene Descartes.)**

Esta habilidad no es natural y por lo tanto se debe aprender, se logra:

- Voluntariamente.
- Debe dedicársele tiempo – cinco a diez minutos diarios.

- No es lo mismo que reflexionar.
- No todos los momentos pueden ubicar su visita.
- Las madrugadas son geniales para ello o temprano. En la noche antes de cerrar el día también se le encuentra.
- La meditación no tiene límite, puede ser sobre todo valor, principio, verdad.
- Esta manera de pensar requiere el hábito de enfoque.
- Las preguntas son buenas maneras de iniciar su presencia.
- Preguntas como, ¿Qué más hay en esto? ¿Qué lección hay en esta situación? ¿Por qué me pasó esto, aquello? ¿Wow que libro? ¿Qué quiso la Divinidad decir? ¿es esto lo que debo hacer? ¿Dónde fallé? ¿Por qué soy egoísta? ¿Cómo puedo amar en verdad? Etc…
- La naturaleza, llega a ser un libro de texto.
- La vida, experiencia, lecturas y vicisitudes diarias son laboratorios.

El fin del discurso es que en la meditación de todo tipo se, "Llega a ser fuerte por medio del pensamiento concentrado." (Elena de White.)

# El Poder De Las Preguntas 5

"Cuestionando nuestras limitaciones es lo que destruye las paredes de la vida – en los negocios, en las relaciones, entre países. Yo creo que el progreso del humano es procedido por nuevas preguntas." - **Despertando El Gigante Dentro De Ti.** (Anthony Robbins.)

Las preguntas también tienen el poder de hacer que nuestra mente crezca extraordinariamente o se estanque robándonos la capacidad de meditar, considerar y evaluar. Las preguntas no solo ponen a la mente en acción sino que es vida a nuestra psicología. **"La mente aumenta en poder y eficiencia por el uso."** - Nos dijo (Elena de White.)

Hay dos tipos de preguntas en las que podemos enfocarnos. Una de esas son preguntas que elevan nuestra intelectualidad y así nuestra vida o aquellas que degradan nuestra mentalidad y así llega lo que se buscó - fracaso. El camino al éxito o fracaso radica mucho en lo que nos preguntamos diariamente.

La intención de las preguntas es que busquemos más respuestas, encontrar nuevas puertas, oportunidades. El consejo es: "…cavad más fervorosamente hasta que la gema de la verdad aparezca a vuestros ojos, clara y hermosa, tanto más preciosa por las dificultades que su hallazgo ha entrañado." (Obreros Evangélicos pg. 297,298.) Las verdades que rigen nuestra vida deben buscarse, deben encontrarse y una de las maneras más impactantes de encontrarlas es por medio de las preguntas.

**Ejemplos de preguntas positivas son:**

1. ¿Qué puedo aprender de esta desgracia?
2. ¿Qué necesito hacer para lograr esto o aquello?
3. ¿Qué hacen los grandes hombres y mujeres para triunfar?
4. ¿Cuál es la salida en este problema?
5. ¿Cómo conectarme con mi destino?
6. ¿Qué desea Dios de mí?
7. ¿Cómo puedo ser más útil?

"Siempre las bellas respuestas al que pregunta las más bellas preguntas" (E.E.Cummings.)

**Ejemplo de preguntas negativas son:**

1. ¿Por qué a mí?
2. ¿Dónde está Dios?
3. ¿Qué me pasa?
4. ¿Por qué nadie me ayuda?
5. ¿Desgracia otra vez?
6. ¿Por qué solo a mí?
7. ¿Fracasé?

"Recuerda no son solo las preguntas que haces, pero también las preguntas que fallas en hacer afectan tu destino."(Anthony Robbins.)

En breve la mente se enfoca en lo que uno quiere pero cuando no se hace ella tiene el poder de controlar y los resultados son devastadores. "Talento que poseemos, ya sea de capacidad mental, dinero o influencia, es de Dios, de modo que podemos decir con David- "Todo es tuyo, y de lo recibido de tu mano te damos" (1 Crón. 29: 14). (RH, 19 de Ago. De 1884; FE 82.) No podemos pasar este mundo y solo ser el pensamiento de otros, debemos ser nuestro propio pensamiento y las preguntas tienen el poder de realizarlo. Un día tendremos que dar cuenta del potencial que Dios nos dio y uno de ellos es el poder que tiene la mente.

## Las preguntas promueven:

El poder de las preguntas en cualquier manera si se saben usar tiene poder de dirigir, ayudar y promover. Tenemos la historia de uno que la usó, su nombre fue José. "Por la mañana, cuando José vino a verlos, los vio tristes. *Y preguntó a esos oficiales de Faraón*, que estaban con él en la prisión en la casa de su señor: *"¿Por qué* vuestro semblante está triste hoy?" (Gen. 40:6,7.)

Todos sabemos que él fue puesto en la cárcel por una falsa acusación pero en el momento adecuado el usó el poder de las preguntas, este sencillo acto le abrió la puerta de posibilidad. Los que conocemos la historia de José sabemos que este joven sabía que había estado acusado falsamente, sin embargo usó ese tiempo para ser el mejor en la cárcel. Él creía que el día vendría para ser libre y el poder de las preguntas le dio la bendición.

Su fe, su deseo tuvieron el poder de activar la respuesta que le abrió el camino por actos providenciales. Todo esto comenzado por las preguntas que hizo en momentos comunes para él, terribles para otros lo promovieron.

## La curiosidad

En el mundo del hombre todo es campo de estudio y la curiosidad bien usada es un buen medio para llegar a cosas inimaginables, cosas profundas y verdades de importancia en la vida. Sugiero que te vuelvas curioso y preguntes todo lo que quieras, todo lo que no entiendes, todo lo que te llama la atención. ¿Sabes cómo comenzó Starbucks? Su fundador en un viaje a Italia observó curiosamente que en cada esquina había una cafetería. Ese día Howard Schutz se preguntó, ¿Por qué eso no podría funcionar en casa? Bum nació Starbucks primero en mente con una pregunta y luego la idea en Estados Unidos.

La curiosidad es el camino a poderosas respuestas. Este fue uno de los caminos que tomó el científico, filósofo e inventor Albert Einstein.

Él nos dijo por experiencia: "La cosa importante no es que dejes de preguntar. La curiosidad tiene su propia razón de existencia. Uno no puede ayudar pero quedar admirado cuando se contempla el misterio de la eternidad. Es suficiente si uno trata de comprender un poquito de este misterio cada día. Nunca pierda una santa curiosidad."

## Las preguntas te pueden salvar la vida:

"Aquel que no puede preguntar no puede vivir" (Antiguo Proverbio.)

Así, se publicó la orden de matar a los sabios en la nación más grande de su tiempo, Babilonia. Y buscaron a Daniel y a sus compañeros para matarlos juntos a los demás. Entonces Daniel habló sabia y prudentemente a Arioc, capitán de la guardia del rey, que había salido a matar a los sabios de Babilonia. Dijo a Arioc, capitán del rey: *"¿Por qué el rey publica este decreto* tan severo?" Y Arioc explicó el caso a Daniel. Entonces Daniel entró y pidió al rey que le diese tiempo, que él le mostraría la interpretación." (Daniel. 2:14-16.)

La historia nos muestra que el poder de las pregunta le salvó la vida a Daniel, a sus amigos y a todos los grandes de Babilonia. Nunca escatimes el poder de las preguntas, ya sea en ti mismo, lo que te rodea o de parte de alguien.

En cierta ocasión en que Carlos Wesley cayó enfermo y pensaba que estaba próximo su fin, se le preguntó en qué fundaba su esperanza de la vida eterna. Su respuesta fue: "He hecho cuanto he podido por servir a Dios." Pero como el amigo que le dirigiera la pregunta no parecía satisfecho con la contestación, **Wesley pensó:**

"¡Qué! ¿No son suficientes mis esfuerzos para fundar mi esperanza? ¿Me privaría de mis esfuerzos? **No tengo otra cosa en que confiar.**" – ( Juan Whitehead, Life of the Rev. Charles Wesley, pág. 102.) Tales eran las tinieblas que habían caído sobre la iglesia, y ocultaban la expiación, despojaban a Cristo de su gloria y desviaban la mente de los hombres de su única esperanza de salvación: la sangre del Redentor crucificado.

## Las preguntas te pueden renovar y llevar a nuevas metas y visiones

Por lo tanto *las preguntas que provocada de Wesley y sus compañeros fueron inducidos a reconocer* que la religión verdadera tiene su asiento en el corazón y que la ley de Dios abarca los pensamientos lo mismo que las palabras y las obras. Estas abrieron un nuevo camino en la vida de estos hombres que han hecho historia en el mundo, en la causa de Cristo y sus vidas son ejemplos a seguir. Fue de esta conversación que surgió no el cristiano Wesley sino el gran reformador. Todo del poder de las preguntas.

Era la misma lucha que había tenido que sostener Lutero en su celda del convento en Erfurt. Fue el poder de las preguntas lo que hizo que Job se encontrara con su Dios. "¿Cómo puede el hombre ser justo para con Dios?" (Job 9:2.) El poder de las preguntas aviva la mente, abren oportunidades y nos dan la posibilidad de grandes logros.

Las preguntas son poderosas e influencian nuestra vida. George Bernard Shaw lo expresó así: **"Algunos hombres ven las cosas como son. Y dicen ¿Por qué? Yo sueño de cosas que nunca eran, y digo ¿por qué no?"** Las preguntas han sacado grandes mentes de las pequeñas, convertido enanos en gigantes y encontrado camino para los que dudaban.

**Las preguntas rompen paredes:**

Las preguntas empleadas correctamente romperán esa pared que nos impide avanzar en rumbos nuevos. Inténtalo y verás el poder de las preguntas en la vida del ser humano. Henry Ford es un excelentísimo ejemplo de determinación en no darse por vencido en cada fracaso. Hoy él es bien conocido por su línea de montaje innovador y fabricación de automóviles estadounidense, pero no fue un éxito instantáneo.

De hecho, creó 5 compañías antes de Ford, todas se fueron a la quiebra hasta que en la sexta logró tener el éxito que ahora conocemos, he allí el poder de la determinación pero ¿cómo logro triunfar en el sexto intento? Lo logra porque en cada fracaso se preguntaba ¿en qué falle? ¿En qué puedo mejorar? ¿Qué debo hacer ahora para seguir y triunfar? Una vez más las preguntas demuestran su poder. Las respuestas al poder de sus propias preguntas lo llevaron al éxito que aún después de muerto su apellido lo declara. No escatimemos el poder de las preguntas, tienen poder.

**Los problemas y obstáculos vencidos por preguntas apropiadas**

Sueños, objetivos, metas nuevas, pensamientos, razón de existencia, oportunidades, respuestas nacen de grandes preguntas. Los problemas tienen poder de acabar, destruir sueños y enterrar metas una vez deseadas en los buenos momentos.

He descubierto que cada problema u obstáculo es solucionable, vencible en el transcurso del tiempo. En ese proceso es de suma importancia no lo que nos pasa, sucedió o impactó sino lo que estamos pensando. Si estas circunstancias son enfrentadas con una mente capaz de elegir su estado mental todo lo demás es solucionable.

Una de las maneras más poderosas de superar los problemas es enfrentarlas con preguntas. Preguntas en momentos cruciales son ayuda. No debemos quejarnos, ni impacientarnos, no correr en esos momentos, sino preguntarnos, ¿Cuál es la enseñanza? ¿Cómo puedo voltear esto? ¿Qué puedo aprender? ¿Si fui capaz de meterme aquí tengo el poder para salir?

Los obstáculos no tienen vida cuando se sabe preguntar. Las preguntas nos acercan a Dios, nos llevan a fuentes de sabiduría en la vida de otros, libros, la creación. Las respuestas a las preguntas apropiadas saben redirigirnos activando el poder de nuestra mente a una razón justificable de nuestra existencia.

**"Aquel que hace preguntas no puede evitar las respuestas"**
(Cameroon Proverb.)

Preguntas que puede hacer de tu día una bendición y cumplir tu misión diariamente:

¿Por qué estoy vivo?

¿Qué me excita en mi vida ahora mismo?

¿Qué me hace estar orgulloso ahora?

¿De qué estoy agradecido ahora?

¿Qué estoy disfrutando ahora?

¿Cuál es mi cometido en la vida ahora mismo?

¿A quién amo yo ahora?

¿Quién me ama ahora mismo?

¿Cuál es mi deseo ahora mismo?

¿Cuál es mi meta en este día?

**Preguntas al medio día:**

¿Qué he logrado en este día?

¿A quién he bendecido en este día?

¿Qué he hecho para prosperar esta empresa?

¿Qué he hecho que me acerca más a mi meta?

**Preguntas de la noche:**

¿Qué hice hoy?

¿Qué dí hoy?

¿Qué aprendí hoy?

¿Qué fue una inversión hoy para mi futuro?

¿Con quién crecí hoy?

¿A quién ayudé hoy?

¿Qué no haré para superar este mal?

¿Cuánto crecí en mi amor a Dios?

¿Cuándo crecí en mi amor a mi familia?

¿Si mañana no amanezco estoy en paz conmigo?

> **"Lo importante es no dejar de hacerse preguntas" (Albert Einstein.)**

1.

# El Poder De Las Ideas 6

**"Saber es poder" (Aristóteles.)**

"La mente será de igual carácter que aquello de que se alimenta; la cosecha, de igual naturaleza que la semilla sembrada." (Joyas de los Testimonios tomo 2 pg. 453.) Todo concepto expresado, acción, proyecto y cosas hechas son en sí *ideas en acción*, pero la gran verdad es que no hay acción si no hay ideas. Aun lo que hago en este libro, hablar, escribir de estas cosas en si es gracias a las ideas. Es poderoso entender que las ideas surgen en cualquier momento, aún en el azar aunque muchos no lo piensan así. Las ideas que valgan la pena, ideas que dan cosecha son aquellas que nacen no de la mente por casualidad sino del pensamiento maduro.

Las ideas son pensamientos maduros. Todas las ideas surgen de ese pensamiento que no vagó en el espacio de la pereza, las ideas con futuro son aquellas que vienen a la existencia por seres *humanos conscientes del poder del pensamiento*. Por eso un gran pensador dijo sin equivocarse, "Nada hay en la mente que no haya estado antes en los sentidos." (Aristóteles.)

Lo que me encanta de esto es que Dios no solo nos dio un cerebro a ciertas personas sino que todos reciben esta gran bendición. Nadie tiene excusa pues todos tenemos la fuente de un buen pensamiento – el laboratorio de muchas, grande e interesante ideas, la mente. "[Él] desea que crezcamos continuamente en santidad, en felicidad y en utilidad. Todos tienen habilidades que deben aprender a considerar como sagradas dotes, a apreciarlas como dones del Señor y a emplearlas debidamente." (Mente Carácter y Personalidad tomo 1pg. 107.)

"Es evidente que hay un principio de conexión entre los distintos pensamientos o ideas de la mente y que, al presentarse a la memoria o a la imaginación, unos introducen a otros con un cierto grado de orden y regularidad." (David Hume.) Pero también la falta de esmero y ociosidad es el padre de una vida sin rumbo. "A fin de llegar a la raíz de la intemperancia, debemos ir más allá del uso del alcohol o el tabaco. La ociosidad, la falta de ideales, las malas compañías, pueden ser las causas que predisponen a la intemperancia." (La Educación pg. 202, 203.) Gente tal no tiene ideas, no sabe que quiere y sobre todo es una nube en la vida.

La idea en realidad es un pensamiento con vida, con pies, con posibilidad de existencia en potencia. Cuando sabes que las ideas están a la mano de todos entonces tú no dejarás al azar tus pensamientos. Entonces tienes, si quieres el poder de ser engendrador de ideas con futuro. Porque. "Todo lo que hay en la realidad es el resultado de una idea previa, aún así lo fue en la mente de Dios en el inicio de los tiempos." (Raimon Samsó.)

## Las ideas deben ser provocadas

En este mundo de ideas quisiera presentar el concepto de ideas provocadas. Esto se logra voluntariamente y es por nuestra propia iniciativa que provocamos estas oportunidades a volar por el universo. Aquí tú puedes soñar, puedes utilizar el tiempo dictándole a tu mente que quieres pensar. Las ideas provocadas solo viven en el pensamiento que uno elige. No hay ideas si no hay pensamientos nacidos, enfocados e inquietos a algo en el mundo de la creación.

Por lo tanto entiéndase que el mundo es para todos. Todos podemos ser lo mejor en nuestra atmósfera, profesión o carrera si empezamos en la mente. "Del debido aprovechamiento de nuestro tiempo depende nuestro éxito en la adquisición del conocimiento y cultura mental. El cultivo del intelecto no ha de ser impedido por la pobreza, el origen humilde o las condiciones desfavorables. . .

Un propósito resuelto, un trabajo persistente y la cuidadosa economía del tiempo capacitarán a los hombres para adquirir los conocimientos y la disciplina mental que los calificarán para casi cualquier posición de influencia y utilidad." (Palabras de Vida del Gran Maestro pg. 278, 279.)

Al aprender a usar nuestro tiempo las ideas florecerán y llegaremos a donde menos lo habíamos imaginado antes. Como vemos la ideas no son el resultado de la pereza, desorganización o el azar, son las consecuencias de un deseo de ser algo mejor, tener algo mejor y darle a la humanidad nuestra máxima excelencia, seres realizados y materializados en una bendición al mundo.

Este tipo de concepto entiende que, "En el ojo de mi mente, visualizo un detalle. La vista y la sensación aparecerán en una impresión. Si me excita, hay una buena ocasión que hará una buena fotografía. Es un sentido intuitivo, una capacidad que viene de mucha práctica." (AnselAdams.)


Nada, nada es casualidad para el que entiende el poder del pensamiento en las ideas.

Todo lo que produce forma, belleza, organización y se materializa es una elección propia. Visualizar algo o proyectarse a algo es algo iniciado por uno mismo. Nada de esto es al azar pues uno tiene el material en la intención puesta en mente, ella se encarga ahora de formar esa imagen, ese proyecto que era solo un pensamiento, ahora es algo que se está analizando y proyectando al nacimiento de un deseo, idea o intención que tiene que dar un objeto, un proyecto, un concepto, un sistema, una creación.

Provocar ideas es como cultivar el campo para ver fruto. No hay cosecha si no siembras semillas, de igual manera ocurre con una idea si no la siembras en el momento correcto del pensamiento y tiempo oportuno en el pensamiento no habrá fruto aunque quieras cosechar. Las ideas provocadas son así como la semilla, ella produce si la sabes sembrar en buen terreno. Séneca nos dijo ya atrás que: "Como el suelo, por rico que sea, no puede dar fruto si no se cultiva, la mente sin cultivo tampoco puede producir."

Mi punto es que se requiere trabajo pero este tipo de trabajo es emocionante porque siempre da cosecha al diligente y deja boca abierta a los mirones. Es interesante que lo común siempre sea el origen de lo grande. No pienses en qué harías si tuvieras tal educación o título, dinero o familia. Le gustaba mezclar en casa jugo con bicarbonato. Ese día ella estaba manejando su bicicleta mientras luchaba por tomar un jugo natural y mezclarlo con bicarbonato cuando en ese momento algo brilló en su mente y se preguntó, por qué no ponerlo junto y tenerlo en una sola botella. Aunque el resultado es una historia interesante su inicio fue en un día común. Hoy ella nos trajo el jugo soda natural sin azúcar y perseverantes. Completamente natural. Allí empezó el gran nombre de Fizzy Lizzy. Un día a una pregunta ella contestó, "no tengo un novio, no tengo un hijo porqué que no tener un jugo."

La fuente de todo o posible está en tu mente. Siembra la semilla de la espiritualidad, prosperidad, moralidad, sociabilidad y leyes, principios, valores y tendrás un carácter de éxito en todo lo que se proponga, en todo.

Robert Hooke descubrió las células ¿Cómo? Provocando pensamiento. Un día mientras observaba al microscopio una laminilla de corcho se dio cuenta de que unas pequeñas cavidades poliédricas, lo que le hacía recordar la vez que molestó un panal y le picaron unas abejas. Durante 40 años fue miembro y bibliotecario de la Royal Society de Londres y tenía como obligación presentar un experimento cada semana y para tal logro tenía que provocar pensamientos, ideas y resultados.

De esta manera fue uno de los científicos experimentales más importantes de la historia. Sus estudios abarcaron la biología, medicina, física planetaria, microscopía, náutica y arquitectura.

La curiosidad puede ser un buen momento para sumergirnos a las ideas provocadas. Por eso se dijo: "Prefiero que mi mente se abra movida por la curiosidad a que se cierre movida por la convicción." (Gerry Spence.) Busca el rumbo que quieras si quieres ir lejos provoca ideas que te llevarán a dónde quieras ir, pon las ideas a caminar en lo que quieres tener, nota en lo que quieras no en lo que nos dictan los cerebros modernos de la familia, iglesia, estado y educación convencional. Todo está en ti y no el mundo que te rodea, el mundo está en ti cuando sabes provocar tu propio destino con tu propia mente.

## Crisis buen lugar para ideas de éxito

Grandes ideas han surgido y seguirán surgiendo en momentos cruciales de la vida. Especialmente la crisis de cualquier índole son buenos lugares para ideas que nos llevarán a mundos inesperados pero productivos. La crisis es campo de ideas que de otra manera no hubieran llegado. Sin embargo muchos son los que odian las crisis, descuidan cosechar en los momentos difíciles de la vida y así se hunden más en lugar de salir victoriosos y productivos con nuevos ideas.

Allí en la crisis emocional, espiritual, mental, económico, físico, familiar, social, religioso está una mina de oportunidades, ya se nos explicó por una gran mente, "En los momentos de crisis, sólo la imaginación es más importante que el conocimiento." (Albert Einstein.) Bendita la crisis en la vida de una mujer u hombre que saben pensar y conocen el poder de las ideas.

Debemos entender que las ideas no solo son el producto de un pensamiento en proceso de maduración sino debemos entender que su cuna puede ser en un sin números de etapas de la vida y una de ellas es la crisis. La crisis en mi opinión es la madre de grandes ideas pues ella da lugar a muchos cambios en la vida cuando se quiere avanzar, aprender y desaprender. Grandes cantantes, actores, billonarios, maestros, héroes han surgido de los momentos más difíciles de la vida personal, familiar y nación. Allí han nacido grandes ideas y así una gran acción.

El consejo es: "Se encontrarán dificultades en todos los estudios; pero no cejéis nunca, desalentados. Escudriñad, estudiad, y orad; arrostrad toda dificultad varonil y vigorosamente; llamad en vuestro auxilio a la fuerza de voluntad y la gracia de la paciencia, y luego cavad más fervorosamente hasta que la gema de la verdad aparezca a vuestros ojos, clara y hermosa, tanto más preciosa por las dificultades que su hallazgo ha entrañado." (Mente Carácter y Personalidad tomo 1 pg. 103.)

La crisis tiene la bendición de presionar y dejar a nuestra elección usar la mente, beneficiarnos de su visita o destruirnos y hundirnos sin oportunidades pues tendremos que pagar el precio de no haberla visto con ojos positivos. La crisis jamás daña cuando intencionalmente la reconocemos como uno de los medios para provocar las mejores ideas y dar un paso en la vida a de algo bueno, algo mejor, excelente, genial y productivo. "Las crisis, aunque atemorizan, nos sirven para cancelar una época e inaugurar otra." (Eugenio Trias.) Por eso es que el carácter, concepto, producto y sistema de éxito mejora en los momentos más cruciales de la vida bajo el poder de ideas renovadas o nuevas.

Su hijo estaba enfermo y los doctores no encontraban nada para ayudarlo, entre la vida y la muerte su madre se dijo, "no dejaré que mi hijo muera". En esta crisis de salud investigó y se dio cuenta que cada martes que limpiaban su casa el niño se ponía peor.

La sorpresa fue que su hijo era alérgico a los productos usados de limpieza. Salió corriendo en busca de jabones para alérgicos y lo que encontró fue 'nada'. En su desesperación por ayudar a su hijo y salvarle la vida su abuela le recomendó una receta de jabón natural. Más tarde en la cuadra ella era conocida como 'la señora del jabón' pues todos la conocían con su jabón natural. Fue allí donde nació la idea y el deseo de proveer una necesidad que en su convicción había gente que lo necesitaba también. Allí dio inicio su compañía de jabones, "Soapworks".

Amilya Antonetti, en 1994 Su historia marcó su determinación pues cada intento encontraba un no en las tiendas más prestigiosas para vender su jabón. Cada paso que daba le decían ¿acaso no conoces Tide o Clorox? Convencida de llevar esta idea a otros que como su hijo lo necesitaba ella vendió su carro, usó todos sus ahorros para lograr sus planes. Una década después lo logró. Estando en un programa donde estaba contando su historia el presentador le preguntó ¿Qué sigue? Y fue en ese momento que nació otra idea, la idea de ayudar a todos los que quisieran llevar su idea al mercado. Otra empresa nació, la "Lucky Napkin"- (Servilleta Suertuda). Su nueva empresa es un lugar para ayudar a cualquiera que quisiera llevar su idea de una servilleta al mercado, hacerlo realidad.

Las ideas son la base de tantas cosas como un libro, un nuevo producto, un carro, un nuevo sermón, un matrimonio, una guerra, la paz, economía. En su mayoría es una idea en momentos de crisis, donde nació la acción. Por eso "La obscuridad es efectivamente penosa para la mente, como lo es para el ojo, pero sacar la luz de la oscuridad, por el esfuerzo que sea, ha de ser deleitable y producir regocijo." (David Hume.) La crisis tiene poder, tiene ideas y tiene capacidad de hacer tu mundo un desierto o un desierto un paraíso, todo está en cómo pienses en ese momento de crisis. Usa la crisis como un campo para sembrar pensamientos, y así cosechar ideas de éxito. El poder de utilizar la crisis en una fuente de grandes ideas está en que interpretes la crisis como un campo de grandes posibilidades.

## Ideas que nacen en la necesidad

Todos en algún momento de la vida llegamos a tener necesidad de algo, ese algo se vuelve el gancho para provocar en nosotros ideas que surgen en la necesidad vivida. Nunca es malo estar necesitados al contrario es un poder de grandes eventos, hechos y productos. La tienda más grande de comida orgánica en todo Estados Unidos empezó en el garaje de John Mackey's en Austin Texas. Se dio cuenta de una necesidad no suplida y se aventuró a suplirla. Hoy es la tienda de comida orgánica más grande en USA llamada Whole Food.

Si no encontramos lo que necesitamos entonces el momento de provocar esas ideas que no solo suplirán nuestra necesidad sino de miles en el mundo ha llegado. Bienvenidos al mundo de los inventores.

Una poderosa historia de este concepto es la historia de la WWW en el internet: se sabe que el Sr Timothy "Tim" John Berners-Lee, es considerado el padre de la Web.

Ante la necesidad de distribuir e intercambiar información acerca de sus investigaciones de una manera más efectiva, Berners-Lee desarrolló las ideas fundamentales que estructuran la Web. Él y su grupo crearon lo que por sus siglas en inglés se denomina Lenguaje HTML (HyperText Markup Language) o lenguaje de etiquetas de hipertexto, el protocolo HTTP (HyperText Transfer Protocol) y el sistema de localización de objetos en la Web URL (Uniform Resource Locator). Es posible encontrar muchas de las ideas plasmadas por Berners-Lee en el proyecto *Xanadu* (que propuso Ted Nelson) y el *memex* (de Vannevar Bush).

Después de iniciada esta idea por la necesidad de compartir información más rápida nació en Marzo de 1989, la WWW el potencial que ahora gozamos al entrar al internet. La necesidad tiene poder.

Por ejemplo los carros nacieron de una idea de necesidad, un avión, un hotel, un servicio, alguien en algún momento lo necesitó y no lo encontró así que se dijo, 'ajá aquí está mi oportunidad de traerlo a la existencia', así ocurrieron con Ford, Honda, el correo postal, Internet, el teléfono, Mary Care, Avon, Nature Sanshine y decenas de empresas en el mundo.

Alguien en algún momento se vio necesitó de bajar de peso y como no encontró algo para su necesidad la idea nació y provocó el proyecto en su mente. Lo mismo ha ocurrido con un sin número de libros que han hecho historia, la necesidad los trajo a la existencia. No te decepciones en los momentos más necesitado de tu vida allí tal vez está tu oportunidad de bendecir al mundo con alguna solución, producto, sistema o respuesta.

Miles de productos en las tiendas comestibles nacieron de necesidades de ciertas personas en algún momento de su vida. Hoy esas necesidades han regalado billones de dólares de entradas a estas personas que en lugar de llorar, quejarse y desesperar porque no encontraron lo que necesitaban ellos las trajeron a la existencia. Que poder tiene la necesidad en la mente del hombre. Usemos esos momentos de necesidad que puede no solo cambiar y bendecir nuestra vida sino el mundo entero.

Personalmente cuando experimento y veo una necesidad no veo un problema y obstáculo sino una puerta llena de oportunidades para traer una solución que en muchos casos pude darme una buena entrada para vivir económicamente realizado. Así que: "No importa que tu interlocutor sea un ignorante. Trata de ver dónde llenar de luz su mente, y a su corazón llevar un consuelo y un vislumbre de esperanza. Y no olvides que el ignorante es tu hermano menor." (Jorge Adoum.) Aprovecha tus necesidades y ve lo que falta para traerlo a su existencia con una buena idea.

## Grandes ideas en momentos comunes

"Sorprendernos por algo es el primer paso de la mente hacia el descubrimiento." (Louis Pasteur.) Vivir esta experiencia de sorprendernos aunque no tiene lugar específico si tiene personas específicas que lo notan, que lo reconocen. Las ideas también tienen como campo los momentos comunes que la mayoría no reconoce y no vive.

Así que, "Ninguno necesita ser ignorante a menos que escoja serlo. El conocimiento debe ser adquirido constantemente; es el alimento para la mente. Los que esperamos la venida de Cristo deberíamos resolver que no viviremos esta vida siempre del lado de los perdedores, sino con comprensión en logros espirituales. Sean hombres de Dios, del lado ganador." (Mente Carácter y Personalidad tomo 1 pg. 108.)

Mi experiencia dice que todo y si se hace con más meditación, reflexión y canalización concluirán que todo surgió de un pensamiento, allí surgió una gran idea y muchas ocasiones sencillamente fueron momentos comunes de la vida. Los grandes inventos, canciones y ciencias en su gran mayoría no nacieron en la universidad, en la iglesia sino en la mente de seres humanos en momentos comunes pescaron un pensamiento, una lección que se grabó en la mente, un evento que impactó su vida, allí en una palabra escuchada que influenció lo suficiente para pensar en algo, un libro que dio nuevas inspiraciones mentales.

¿Fedex Express sabes dónde nació? En la mente de un joven estudiante. Como siempre un día entregó su tarea donde describía cómo la entrega de correo en la siguiente mañana (overnight) podría cambiar el rumbo de cómo hacemos negocios. Bingo, nació FedEx Express internacional que hoy cuesta más de 27 billones de dólares en el mercado *ah y de paso ese* día el recibió una C en su tarea.

Ellos solo se pusieron a pensar, reflexionar, otros meditar y otros en momentos difíciles en lugar de quejarse atraparon un pensamiento, así una idea y así nación un buen libro, un nuevo concepto que revolucionó la educación, la tecnología y cosas comunes de la vida. Uno de tantos ejemplos que podemos dar es la licuadora. En un momento común de la vida se ideó la licuadora. ¿Quién no tiene una licuadora en casa? Es casi seguro que, a menos de que se trate de un lugar donde no haya energía eléctrica, este electrodoméstico estará presente.

Inicialmente, la licuadora no se llamaba así, sino que recibía el nombre de "vibradora" y el inventor de este artefacto fue Stephen J. Poplawski, en 1921, en busca de algo que le mezclara frutas, verduras y otras cosas un estadounidense de origen polaco estuvo experimentando durante más de 7 años con dispositivos mezcladores y que al final diseñó un aparato agitador montado en el fondo de una taza y que para mezclar bebidas malteadas si la taza se situaba en una cavidad en la base del aparato allí así surgió la licuadora.

No dejemos pasar los momentos comunes, allí radica una gran posibilidad de un mejor futuro para nosotros y la humanidad. Usemos todo momento como escuela para traer nuevas cosas, conceptos y que sea una escalera para llegar más lejos y mejorará lo que otros ya hicieron.

### Riesgo es necesario

Toda persona que reconoce su potencial sabe que jamás puede iniciar ninguna idea, un plan, un sueño sin riesgo. Los riesgos, el temor siempre estarán allí en la vida de todo el que desea algo. "Grandes hechos suelen ser forjados con grandes riesgos." **(William Hazlitt.)**

Trabajaba en IBM contestando llamadas de clientes. Pero estaba aburrido en su trabajo. Pero él sabía que era chistoso. Le aconsejaron que entrara a una competencia de comediantes y le fue bien. Cuando le dijo a su familia y amigos que dejaría el trabajo en IBM le dijeron que estaba loco. Que estaba arriesgando todo. No le importó lo hizo y le fue súper bien. 5 años más tarde Jeff Foxworthy hace una fortuna con su marca de comedia llamada "Redneck". Encuentra lo que te gusta, allí en el cansancio, en el momento menos esperado tu puedes estar por comenzar tu fortuna, tu felicidad, tu sueño. Cinco años su madre le dijo, "hijo perdiste 5 años en IBM". No te de miedo todo es posible si tienes la audacia de arriesgarte.

**No hay sueño realizado sin riesgos.**

Los que han logrado grandes hazañas en la vida han arriesgado todo, por ejemplo Cristóbal Colon su reputación, su vida y sus tripulantes. Demostrar que la tierra era redonda y no plana, que había más tierra que la que se conocía era completamente arriesgado. Pero no vaciló, lo logró. "Conquistar sin riesgo, es triunfar sin gloria." (Pierre Corneille.)

El riesgo es el respirar de todos los emprendedores, es el oxígeno de todos los que saben pensar, idear y proponer en la vida. "Sólo aquellos que se atreven a dejar mucho puede lograr mucho." **(Robert Kennedy.)** Arriésgate a pensar, a tener grandes ideas.

Todo logro y victoria tiene sus riesgos y ese es el dulce precio que pocos pagan por adelantado. "Las personas creativas que no puede dejar de explorar otros territorios mentales se encuentran en mayor riesgo, es como alguien que sube una montaña, tiene más riesgo que alguien que simplemente camina a lo largo de un carril en la aldea." (Ronald **Laing.**)

## Ideas con vida

Hay de ideas a ideas, están las ideas con vida y otras solo son pensamientos. Las ideas con vida son aquellas que salen del pensamiento al hecho. Esta es la verdad tanto en la creación del universo, como el hombre y su mundo en la tierra. La idea debe ir de la mente a la acción esa es una idea con vida.

La vida tiene acción. Lo demás es pérdida de tiempo o pereza condenada. "La mente y el corazón indolentes, que no tienen propósito definido, son fácil presa del maligno. El hongo se arraiga en organismos enfermos, sin vida. Satanás instala su taller en la mente ociosa. Diríjase la mente a ideales elevados y santos, dese a la vida un propósito noble, absorbente, y el enemigo hallará poco terreno para afirmarse." (La Educación pg. 189, 190.)

Somos la imagen de Dios. Somos su representación en esta tierra y debemos saber que Dios mismo nos ha dada el poder de las ideas con vida, no ideas que se espuman y solo molestaron el cerebro. Y lo más interesante es que esta capacidad de dar ideas con vida no solo lo tiene un ser especial sino todo ser humano. No hay excusas. Siempre di a las ideas claramente que: "Tú vives en mi mente." ( Antonio Brañas,) y verás los grandes resultados en tu vida.

Entiende que de nada sirve pensar, lograr ideas si ellas solo son eso. La vida de ellas está en que tú actúes con ellas. Las pongas a vivir en la realidad, esas son las ideas que valen la pena traer a la existencia.

Una idea de lo que son las ideas la tienes en la idea de India en ser libre, lo vemos en una imprenta, es plausible en la creación de un televisor – vino de una idea en acción. Estados Unidos es una idea con vida, la idea de ser libres y poderosos. Un matrimonio es el resultado de la magia de una idea con vida. El Mercedes, el Ford, la computadora, el internet, una carta, los poemas y miles y miles de libros fueron en su momento solo ideas pero alguien vino y le dio vida en la acción. Un carrito para las compras y cada uno de las cosas que compramos fueron en un día solo un pensamiento que alguien lo tomó y convirtió en una idea que creció en lo que ahora vemos y palpamos. A todo esto le llamo ideas con vida.

Pongo hoy pues en tus manos la bendición al recordarte que las ideas tienen poder y el que lleguen a ser algo está en nuestro poder. Las ideas son las bases de grandes logros en la vida. No ignoremos esta bendición y ella nos prosperará. Créelo y triunfarás.

No sé si conoces a David Cameron. En su experiencia cuenta que lo que le hizo ver el poder de la posibilidad fue la caída de los muros de Berlín en 1989. Cuando todos decían que era imposible la caída del comunismo en ese evento mundial demostró que todo es posible y dio vida a las ideas y conceptos que él ya traía en mente.

Ese momento fue crucial en su vida. La idea nació en su mente que nada es imposible aún cuando se grita que lo es. Ya estaba familiarizado en la política pero El amor por la política nació allí, vio a su nación diferente, eso lo llevó a pensar en un mejor futuro para el mundo se sumergió en la educación de su vida y lo imposible en ese momento 1989 - para él llegó a ser posible el 11 de Mayo de 2010 convirtiéndose en el primer ministro del Reino Unido – una idea con vida en 1989. Lo demás se está escribiendo.

Para lograr las ideas no vienen solo después de ir a la universidad, leer un libro o un solo momento de la vida, todo lo contrario ellas están a la mano de todos, porque;

- Las ideas surgen en la crisis.
- Las ideas nacen en los problemas.
- Las ideas vienen en los momentos de alegría.
- Las ideas saltan en la presión de la vida.
- Las ideas te abrazan en la lectura.
- Las ideas están en la ducha.

- Las ideas te acompañan al caminar, al manejar, al escuchar una canción, en el sermón, en los pleitos y disgustos.
- Están en todo lugar y hora, en el bus, en la cama, en ese momento que falta algo que necesitas.
- En la reflexión.
- En la meditación.

Así que recordemos que: "Por falta de determinación de echar mano de sí mismos y reformarse, las personas pueden volverse estereotipadas en cierto curso equivocado de acción; o mediante el cultivo de sus facultades pueden adquirir capacidad para realizar el mejor servicio. Entonces sus servicios serán solicitados en todas partes. Serán apreciados en todo lo que valen." (Palabras de Vida del Gran Maestro pg. 279, 280.)

Reconozcamos el poder de la mente en los pensamientos, ellos en las ideas que han cambiado a humanos y bendecido a la humanidad. Siempre hay ideas pero no siempre hay humanos que les den la bienvenida. Reconocerlas no cuesta nada pero tiene un precio y es, "La mente es como el paracaídas... sólo funciona si la tenemos abierta" ( Albert Einstein.)

# El Poder Del Deseo 7

Una de las maneras más poderosas que la mente quiere expandirse y hacer realidad sus pensamientos está en el deseo manifestado. Cuando un pensamiento se vuelve deseo entonces estamos en buen camino. Los deseos tienen un poder extraordinario y han llevado a grandes logros a todos los que los han aceptado. Los deseos tienen el poder de abrirte camino al éxito como le ocurrió a Mardoqueo un icono bíblico o fracaso como se vio en la vida de Hitler. El rumbo que llevarán depende de ti.

**No nace se hace**

Todos nacemos con ciertas facultades que el cielo nos ha otorgado, dones y talentos pero el deseo no es algo con el que se nace se debe buscar. Tú haces tus deseos. Si vemos todo deseo llega por elección propia, está en nosotros poder iniciarlo pero no viene si no se desea el deseo. También es de importancia que sepamos que el deseo en si nace de lo que la mente está pensando, no hay otro engendrador ese es el gran laboratorio humano. Así que dime tu deseo y te diré lo que tienes en tu mente. Alguien dijo: "Lo que un hombre desea, también lo imagina como cierto."

"Los deseos deben obedecer a la razón." (Marco Tulio Cicerón.) Es nuestra mente el fundamento de todo deseo que se activa pero no es ella la responsable de todo deseo que se produce, es nuestra voluntad. La razón porque pocos son los que logran metas, proyectos, cosas y prosperidad es porque pocos son los que en algún momento le dieron bienvenida a ese deseo o deseos en sus mentes por medio de esos pensamientos que ahora ven hecho realidad por otros.

La veracidad es que "No se desea lo que no se conoce.", nos dijo (Ovidio.) Para activar deseos debemos primero usar nuestra mente con pensamientos que nos traen una idea, una imagen, un concepto nuevo, un objetivo, una meta que empieza allí en la mente, la cuna de todo lo posible. Debemos primero ver, imaginar lo que se desea y luego desear lo que se ve en la mente, *por lo contrario no se desea lo que no se puede ver, imaginar primero en nuestra mente.*

¿Sabes cómo comenzó Starbucks? Su fundador en un viaje a Italia observó que en cada esquina había una cafetería. Ese día Howard Schutz se preguntó, ¿Por qué eso no podría funcionar en casa? Boom nació Starbucks primero en mente con una pregunta y luego la idea en Estados Unidos. Lo vio primero en su mente y hoy es una realidad.

### Todos pueden si quieren

*"Es una importante ley de la mente, que no debiera ser pasada por alto, que cuando un objeto deseado es muy firmemente negado como para quitar toda esperanza, la mente pronto dejará de anhelarlo, y se ocupará de otras cosas. Pero mientras haya alguna esperanza de obtener el objeto deseado, se hará un esfuerzo para lograrlo."* (Conducción del Niño. Pg. 266.)

Esto es lo lindo de nuestro Creador, a todos nos dio el libre albedrío de poder crecer, aprender y madurar. Todos podemos desear, todos podemos comenzar algo bajo el poder del deseo pero con una sola condición – querer por voluntad propia. Iniciativa propia en acción interna. En el mundo de Dios nada es obligado, está en nosotros querer o no. Cualquier deseo es concebible si se desea y se activa. Por eso: "Si deseas que tus sueños se hagan realidad... ¡despierta!" (Ambrose Bierce.)

Andrew Carnegie no tenía nada de capital o material en los 1860s pero si el poder del deseo, este deseo lo llevó a trabajar por dos centavos la hora y así llegó a tener más de cuatrocientos millones de dólares en sus días. ¿Cómo empezó?, inmigrando de Escocia a Estados Unidos. Se volvió uno de los más prestigiosos empresarios americano. Tuvo una educación autodidacta, al tiempo que se ganaba la vida en oficios duros e iba ahorrando para adquirir participaciones en pequeños negocios de su ciudad, Pittsburgh. En 1865-70 hizo una primera fortuna negociando con bonos de compañías ferroviarias y con productos siderúrgicos. Luego se concentró en la fabricación de acero, invirtiendo a pesar de la «gran depresión» de 1873, hasta dominar el sector hacia 1880.

Carnegie representa, pues, el prototipo del «hombre hecho a sí mismo», ideal humano típicamente norteamericano que sólo era posible en aquel contexto histórico de mercado libre, prácticamente sin impuestos ni regulaciones.

Las empresas de Carnegie siguieron creciendo en los años ochenta en la mano de su socio H. C. Frick, quien le hizo comprender la necesidad de la integración vertical: además de la mayor parte de la siderurgia de Pennsylvania, adquirió minas de hierro, navieras y ferrocarriles, adaptándose así a las nuevas tendencias monopolistas que se impusieron en la economía de finales del siglo XIX. El deseo en una persona con visión lo lleva muy lejos.

Este deseo de ser alguien y tener lo que quisiera lo convirtió un icono a modelar. Así fue como entra al mundo de los negocios se vuelve un Filántropo interesado en la educación, fundando la corporación Carnegie en New York, Donación de Carnegie para la paz internacional, la institución de Carnegie de Washington, la Universidad de Carnegie, el museo Carnegie de Pittsburgh. Llegó a ser grande porque su deseo era grande. El resultado siempre será en proporción al deseo que se tiene.

Donó mucho de su dinero para muchas librerías, escuelas, universidades en los Estados Unidos, el Reino Unido, Canadá y otros países, como pensiones de trabajadores. Seguidamente es considerado el segundo hombre más rico del mundo en la historia después de John D. Rockefeller.

Así que dejemos de quejarnos, murmurar y pongamos a buscar deseos, establezcamos que si podemos y que ya no hay excusas. Dime que quieres y te diré tu deseo. Y si no tienes metas, objetivos y propósitos entonces empieza, prodúcelos con un deseo, el deseo en si tiene el poder de buscar camino si tú quieres, si tú sueñas, en ti esta esa gran posibilidad de lograr algo si tan solo tú deseo es lo suficientemente grande. "Sólo hay un principio motriz: el deseo." (Aristóteles.)

## Es un poder

Cuando el pensamiento, hecho una idea está por nacer es manifestado en un deseo. Ese deseo es lo que se llama un sueño en proceso. Es en este camino que la encrucijada empieza para muchos y no encuentra un rumbo porque tienen un cuerpo que cargar pero no un deseo que sabe guiar a su gente. Inevitablemente en la vida de los hombres y mujeres exitosos, "El deseo es una tendencia constante." (Alejandro Dumas.)

Sin embargo si el deseo fue lo suficientemente establecido con un pensamiento estable entonces ahora el deseo manifiesta una fuerza, un poder que busca nacer, busca producirse, busca hacerse realidad. Allí se manifiesta una inquietud que busca su camino en nuestra mente combinada con la voluntad. El deseo es un poder que no deja a la gente en paz hasta lograrlo o no podemos dormir y solo estamos pensando cómo realizarlo. El verdadero poder es manifestado en el mundo material, espiritual o físico dependiendo de lo deseado cuando se vive el deseo.

Resulta curioso que haya sido un ruso el creador del invento americano por excelencia, pero así figura en la historia. En 1919, tras la revolución soviética, el físico Vladimir Zworykin emigró a los Estados Unidos en busca de nuevos horizontes. Pronto se nacionalizó norteamericano y en plena década de los veinte se encontró trabajando para la compañía Westinghouse. Obsesionado por conseguir un aparato que pudiera producir imágenes, investigó en el tubo de rayos catódicos.

El poder de su deseo se manifestó en 1923 logrando desviar el rayo de electrones por medio de campos magnéticos, con la consiguiente descomposición de las imágenes: había logrado el principio en el que se basa la televisión. A este primer sistema televisivo completamente electrónico lo denominó iconoscopio. Cinco años después patentó el invento y siguió trabajando en él.

En 1938, gracias a las investigaciones que realizó para la Radio Corporation of America (RCA), la televisión estaba lo suficientemente desarrollada como para convertirse en un sistema aplicable a gran escala. La RCA estaba convencida de que pronto sería un gran negocio, pese a que el costo de las primeras cámaras capaces de transformar en imágenes señales eléctricas enviadas a través de un cable resultaba prohibitivo. El boom llegó en los años cincuenta, cuando la televisión entró en la mayoría de los hogares estadounidenses. Luego llegó a Europa y el resto del mundo. El deseo se ve es un poder que puede realizar, crear o idear como convertir el pensamiento, idea o deseo en realidad.

"A un alma se le mide por la amplitud de sus deseos, del mismo modo que se juzga de antemano una catedral por la altura de sus torres."*(*Gustave Flaubert.) Entiéndase que cuando un verdadero deseo nace, con el nace un poder extraordinario que guiado correctamente tiene una fuerza que no se puede detener y así es como se logran las cosas. Bendito el hombre que reconoce que para lograr algo en la vida no necesita dinero, una familia de buena posición y mucha educación sino un buen y grande deseo y lo demás llegará.

El poder del deseo es figurado como lo dijo el cantante Ricardo Arjona. "Es tanta mi fe, que aunque no tengo jardín, ya compré una podadora." Cuando hay verdadero deseo uno hace lo inconcebible. El poder está a disposición de todos pero solo algunos son los beneficiados porque es una minoría la que lo sabe, reconoce y sobre todo utiliza este poder a su disposición. Así que si tienes un deseo, tienes poder, si tienes muchos deseos eres una fuente de poder para extraordinarios logros. Fuera de eso sépase que: "Todo deseo estancado es un veneno." (André Maurois.)

## Busca una realidad

Los verdaderos deseos tienen un rumbo y su meta es la realidad. *Todo empieza en la mente, sí pero su verdadera vida está en lograr lo que se quiere, lo que se piensa, lo que ideo, fuera de esta verdad nunca existió.* "Dios no te hubiera dado la capacidad de soñar sin darte también la posibilidad de convertir tus sueños en realidad." (Héctor Tassinari.)

Materializar lo que se desea es la meta de cada deseo. Así que la clave es, para que nosotros logremos nuestros deseos debemos unirlos a un plan de ejecución. "El deseo intenso crea no solo sus propias oportunidades sino además sus propios talentos." (Eric Hoffer.) Este plan debe llevar específicamente lo que se desea, lo que requiere para su logro y una fecha para lograrlo. Su realización depende del plan establecido, nuestra persistencia y debe siempre recordarse esta ley, "si se puede concebir se puede lograr."

Nuestra mente está hecha de tal manera que nuestra naturaleza su límite es hasta donde ya no podemos pensar, si se puede pensar, soñar o idear entonces es posible lograr. Así que te pregunto ¿cuál es tu deseo, un carácter semejante a tu Creador, perfecto pero, específicamente en qué punto, el mejor esposo, padre en qué, tener riqueza, cuánto miles, millones o billones, lograr una promoción en qué y cuándo, un mejor puesto, hasta dónde? Te doy un consejo - cánsate de lo que eres, tienes y verás cómo surgirán nuevos y bellos deseos. *Recuerda que si puedes pensarlo puedes desearlo y si lo deseas de verdad puedes lograrlo.*

Un ejemplo del poder del deseo fue vista en la vida del gran científico Aristóteles quien influyó en muchos campos de la ciencia: física, astrología, botánica, filosofía, política, biología, y creador de la taxonomía.

Para cuando murió ya era muy famoso en toda Grecia y Mesopotamia, sus obras influyeron mucho en la vida de muchas personas. Había creado cientos de obras, citas, escritos, descubrimientos. Antes de morir quería producir una película, pero no pudo gracias a la tecnología del momento. Pero lo que más me impresiona es que lo logró todo sin dinero, muchos problemas y obstáculos y en gran parte lo logró en su vida *como mesero de restaurantes* famosos.

Nuestra condición económica, social y física no importa, pero sí importa nuestra manera de pensar y desear. Busca un deseo y emérgete en una realidad ya hecha.

## Nunca se da por vencido

Esta es la parte que más me gusta, aquí es donde se ve el poder de tu deseo, tu convicción de él y tu disposición a lograrlo – el verdadero deseo no se da por vencido venga lo que venga. De hecho el enfrenta oposición en todo aspecto y no deja de avanzar si tu así lo deseas y te lo propones de antemano. Así que aún el proceso es un asunto del poder de la mente en la voluntad manifestada para su logro. Entonces sépase que: "Si no tienes ganas de ser frustrado jamás en tus deseos, no desees sino aquello que depende de ti." (Epícteto.)

El miedo es uno de los fantasmas que la gran mayoría se inventa para no salir a buscar un hogar para su deseo, sus metas se estancan porque en esta instancia la imaginación es más poderosa que el deseo. Así que debe vencerse el miedo imaginario en la mente para seguir con el deseo. ¿Saben por qué? Porque el deseo es poder, poder de todo. Se nos dijo "El deseo vence al miedo." (Mateo Alemán.)

Lo grande del deseo es expresado en su proceso, el valor de nuestro deseo se manifiesta en el deseo de sacrificarnos por él. "A nadie cuesta más que a aquel que mucho desea." (Santiago Ramón y Cajal.) Como siempre para lograrlo debemos dar algo a cambio, tiempo, consagración, persistencia, desvelos, trabajo y completa resolución a que no hay obstáculos ni problemas que impedirán su logro pues no se da por vencido en nada. *"Desear la acción es desear una limitación. En este sentido todo acto es un sacrificio. Al escoger una cosa rechazamos necesariamente algunas otras."* ( Gilbert Chesterton.)

Alejandro Magno desde muy joven fue arrastrado por la ambición de conquista, a tal punto que cuando veía los triunfos de su padre repetía una y otra vez "no me dejará nada para mí". A los veinte años fue dueño del trono y comenzó castigando a los responsables de la muerte de su padre, luego al mando de su ejército se dirigió al Oriente con el deseo de conquistar y conquistó un vasto imperio, que comprendía: Egipto en África, Asia Menor, Arabia, etc. En Egipto fundó Alejandría, fundó más de 70 ciudades. Logró mucho porque era invencible su deseo, su deseo era muy grande. No continúo conquistando porque le llegó la muerte.

El punto de esta historia no es si fue moralmente bueno o inmoral, justo o puro sino la verdad que hace a muchos que el deseo tiene poder cuando se quiere algo. No hay obstáculos y los problemas solo dan más deseo de alcanzar lo deseado.

## Da vida

**"El hombre nació para vivir no para prepararse a vivir" (Boris Pasternak.)**

Los deseos en resumen son los que embellecen a la vida. No tienes alegría busca un deseo, no tienes trabajo, busca un deseo, no tienes fortuna busca un deseo, no tienes éxito busca un deseo, no tienes sueños busca un deseo, no tienes metas, blancos, objetivos y no más pensamientos busca deseos y verás que volverás a vivir porque el deseo verdadero engendra vida.

Si uno está cansado de vivir la vida que vive solo tiene que engendrarse otra vez en un deseo y tendrá el poder de nacer de nuevo. Hay poder en los deseos activados por uno mismo. Cuando uno logra desear intensamente llega uno a tener el privilegio de la vida en algo iniciado por el poder de la mente. El primero que vuelve a la vida es uno mismo y estar con vida es el logro más Divino.

Conocida es la historia de Juan Bunyan (1628-1688), el célebre autor de "El progreso del Peregrino", de quien Spurgeon decía: *"Pinchadle donde queráis, y descubriréis que su sangre es "biblina", la mismísima esencia de la Biblia, que mana de él."* El diablo indujo a muchos impíos a que lo calumniasen y esparciesen rumores en su contra en todo Inglaterra, para hacerle abandonar su ministerio. Lo tildaron de hechicero, jesuita, contrabandista; afirmaban, entre otras cosas, que vivía con una amante, que tenía dos mujeres y que sus hijos eran ilegítimos. Pero lo que los demás no sabían era que su deseo era más grande que todo eso. Tenía vida gracias a su deseo de llevar el Evangelio a otros.

Cuando al maligno le fallaron todos estos planes, lo acusaron de no observar los reglamentos de los cultos de la iglesia oficial. Las autoridades civiles lo sentenciaron a prisión perpetua, negándose terminantemente a revocar la sentencia, a menos que jurase que nunca más volvería a predicar. De nada valieron los ruegos de sus amigos y de su esposa. Él decía: "Si hoy saliese de la prisión, mañana comenzaría a predicar, con la ayuda de Dios." Pasó en la cárcel más de doce años (la quinta parte de su vida). ***Pero allí no estuvo ocioso; escribió decenas de libros de mucha edificación*** *porque libre o encerrado él tenía vida, era vida, vivía la "vida", predicaba vida.*

Estando en prisión, los sufrimientos no eran pequeños. La separación de su esposa y de sus hijos era para él a veces "como si se separase la carne de los huesos". Especialmente sentía dolor por su pequeña hija ciega, de la cual decía: "¡Pobre hija mía, qué triste es tu existencia en este mundo! ¡Vas a ser maltratada; pedirás limosnas, pasarás hambre, frío, desnudez y otras calamidades! ¡Oh, los sufrimientos de mi cieguita me quebrantaría el corazón en pedazos!"

Sin embargo, tales sufrimientos no bastaron para quebrantar el espíritu de Juan Bunyan. En efecto la vida verdadera en la vida de todo ser humano jamás se da por vencido, solo progresa, produce y bendice. Cuando finalmente logró estar libre, predicó por toda Inglaterra, hasta la edad de 60 años, cuando falleció. Y lo más poderoso es que aún muerto su vida sigue hablando por medio de 'El progreso del Peregrino' libro y película.

La verdad es que recrearse uno mismo, desear y vivir diferente está en uno mismo, allí está el poder de comenzar otra vez, allí está la vida, la vida no es lo que te ocurre, te hicieron o caísteis, fracasaste ayer sino en lo que tú sabes, interpretas y quieres. La vida abundante y exitosa que está en el deseo es como el océano inagotable y lleno de vida. El deseo sabe interpretar pues, "¡Cómo pinta el deseo los colores del arco iris en las nieblas de la vida!"(Oscar Wilde.) Cuando todo va mal es el momento de hacer nuestra parte, cambiar de color al día, y darle luz a la noche.

Todo empieza en la mente y en uno está esa gran oportunidad y posibilidad de tener éxito tal y como lo lleguemos a desear porque al final el desear es realmente querer vivir, allí hay vida porque tenemos una razón de existencia.

# El Poder De La Acción 8

*"Cada poder del ser se fortalece por la acción."* (Elena de White.)

**Es una decisión**

La acción es uno de los más grandes poderes en la vida pero la verdad es un número pequeño el que lo sabe. Por eso es que hay pocos *exitosos* empresarios, pocos *ejemplares* pastores, pocos *extraordinarios* políticos, pocos *célebres* no porque no puedan todos sino porque pocos son los que saben el poder que tiene la acción y la verdad más simple pero poderosa es que para ello la acción nace *por una decisión de realizar* lo que pensamos, deseamos y queremos.

Un día su padre decide vender su empresa de publicidad, el hijo al saberlo está en el proceso de entrar a estudiar leyes cuando sintió el llamado. Un despertamiento surgió en su mente. Por primera vez en su vida algo arrancaba un sincero deseo de hacer algo por su vida y padre.

Decidió tomar acción. Le propuso a que no lo hiciera que le dejara a él cuidar de ella. De una empresa con solo 30 empleados en 1987 la creció a 1,000 empleados con presencia mundial y publicistas para Ikea, Pfizer, Mitsubishi, Revlon y Banco de América.

La transformación en su mente de ayudar a su padre fue tan grande que de una pequeña empresa de publicidad en New York la hizo mundial vendiéndola 18 años más tarde por 300 millones de dólares en el 2,000. Me impacta saber que la vendió no porque estaba por quebrar sino por que como persona no miraba más futuro para su desarrollo personal en ella. Había dado su todo y había logro todo en ella, era tiempo de algo nuevo y actuó.

Ese día de la junta con los posibles compradores le llevó 5 minutos para venderla porque él ya sabía que ese era el paso para introducirse a su nueva inspiración - un programa por televisión *llamada La Gran Idea* que encuentra y señala el éxito de tantas personas que comenzaron todo con una idea, un pensamiento y deseo de ser alguien, hacer algo, y bendecir a nuestra sociedad. La acción nunca te deja pensando. La acción es acción y resultados y punto.

Son millones lo que asisten a la escuela, colegio y universidad pero brillan por su ausencia en la vida real, están sumergidos en tanto estudio, se alocan por alcanzar esta profesión y cuando se gradúan se la pasan buscando trabajo o encuentran uno que no requiere ni un día de clases. Qué ironía trabajan por lo que no estudiaron y lo más cruel es que no es su deseo. En realidad la gran mayoría fracasa por no poner en acción su conocimiento. Otros por no buscar nuevas acciones. Y la gran mayoría por no poner en acción esa idea, ese deseo que en algún momento experimentaron porque dicen, 'que otros lo hagan, otros ya lo hicieron, no estudié para eso, me van a criticar, no tengo dinero, mi familia no me va a apoyar'.

"No penséis nunca que ya habéis aprendido bastante, y que podéis cejar en vuestros esfuerzos. La mente cultivada es la medida del hombre. Vuestra educación debe proseguir durante toda la vida; cada día debéis aprender algo *y poner en práctica el conocimiento adquirido.*" (Mente Carácter y Personalidad tomo 1. Pg. 7.)

Podríamos tener una idea que cueste un millón de dólares pero si no se pone en acción nada vale, pierde su valor aunque tenga una buena idea solo sería una buena "i d e o t a". Así que, "Nadie más que uno puede liberar su mente de la esclavitud." ( Bob Marley.) Es la decisión que logra eso en una acción viva.

**"Conciencia es ignición. Motivación es el acelerador. Eso es cuando tú dices, ¿a dónde iré con ello? ¿Qué acción tomaré? Si no hay acción no hay historia."** (Donny Deutsch.)

La decisión es el único vehículo que la encamina a la vida. Esta fuente natural que tenemos todos los seres humanos sigue en el misterio de la vida de muchos, es una mina sin escavar, es un tesoro sin usar, es un manantial que debe ser encontrado y usado. Esta simple verdad es lo que ha llevado hombres simples a ser hombres y mujeres extraordinarios.

Fue un hombre distinguido en casi todo campo de esfuerzo. Inventor, científico, autor, hombre de estado, filósofo, impresor, diplomático, humanista— seguramente, pocos otros hombres se han aventurado en tantas carreras o las han ejecutado tan exitosamente. Sin embargo, nació en una familia pobre de veleros y no tuvo ningunas ventajas especiales como niño pero su mente fue su mejor capital junta al poder de la acción en cada idea que tubo, *él se convirtió en el* famoso Benjamín Franklin. Todo es posible para *el que sabe actuar no solo pensar*.

La decisión es el oxígeno en cada acción que debe tomarse. En otras palabra si tienes la capacidad de decidir lo tienes, y decides tomar acción tienes allí el poder de poner la acción en vida en el universo que tú mismo creas. La decisión en acción es lo único que sacará a flote esas ideas con grandes posibilidades.

### Es la vida de una idea

"En las vocaciones comunes de la vida, hay muchos que trabajan pacientemente, cumpliendo la rutina de sus tareas diarias, sin tener conciencia de los poderes latentes que, *puestos en acción, los pondrían entre los grandes dirigentes del mundo.* Se necesita el toque de una mano hábil para despertar y desarrollar estas facultades dormidas. Fueron hombres tales los que Jesús relacionó consigo; y les dio la ventaja de prepararse tres años bajo su propio cuidado. Ningún curso de estudio seguido en las escuelas de los rabinos o en las galerías de los filósofos podría haber igualado a esto en valor." (Consejos Para Maestros y Alumnos pg. 497.)

Lo interesante de la acción es que es lo único que le da vida a una idea, no puede actuar las ideas si no hay acción. La vida de toda idea está en la acción tomada al respecto. Por eso, "Pensad como hombres de acción, actuad como hombres pensantes." (Thomas Mann.) Lo que hace la gran diferencia entre los que fracasan y triunfan está en que hagan la acción inmediata sobre esa idea, inyecten vida a lo que piensan, a lo que desean, a lo que añoran, allí a lo que tienen a la mano, la acción no espera perfección, ella se forma en el proceso.

Esta asiática cansada de su trabajo que no le gustaba pues solo fue el resultado del deseo de los padres un día escuchó su voz interna, su mente. Se había dado cuenta que sus pacientes con problemas y dolores de los pies preferían sentirme mal que verse mal con zapatos no tan elegantes para su problema, en ese molestar de todos nació en su mente de ella hacer algo para este tipo de personas.

Inyectó vida a su idea y decidió cambiar de profesión, dejó de ser doctora de cirugía ortopédica a diseñadora de zapatos. Diseño un zapato ortopédico que le cambio la vida a miles, miles de personas con esos problemas. Su nombre es Taryn Rose. Sus padres estuvieron en su contra al principio. Esta idea le trajo inspiración a su vida y mucha satisfacción, como dinero pues sus zapatos ortopédicos ahora están en tiendas internacionalmente y ella sola tiene 5 en el país.

La verdad de la acción es una ley Divina que ningún ser humano que desea éxito puede violar. "Todos los seres celestiales están en constante actividad, y el Señor Jesús, en su vida de trabajos prácticos, ha dejado un ejemplo para cada uno. *Dios ha establecido en los cielos la ley de la acción obediente.* Silenciosa pero incesantemente, los objetos de su creación realizan su tarea asignada. El océano está en constante movimiento. El pasto que crece, "que hoy es y mañana es echado en el horno", realiza su misión, vistiendo los campos con belleza. Las hojas son movidas por el viento, y sin embargo no se ve mano alguna que las toque. El sol, la luna y las estrellas son útiles y gloriosos al cumplir la misión para ellas designada. *Y el hombre, su mente y su cuerpo creados a la semejanza misma de Dios, debe estar activo a fin de ocupar el lugar que se le ha designado. El hombre no ha de estar ocioso. La ociosidad es pecado."* (Mente Carácter y Personalidad tomo1 pg. 118.)

La acción es enemiga de la ociosidad, lentitud, seguir solo pensando. La acción es el poder que hace la gran diferencia entre los grandes y pequeños resultados de la vida. "Así como el hierro se oxida por falta de uso, también la inactividad destruye el intelecto." ( Leonardo Da Vinci.) *(1452-1519) Pintor, escultor e inventor italiano.* La acción ama la prontitud y progreso y es así *como da* vida y *mantiene en* vida lo deseado.

## Su ayudante es la voluntad

La acción no es sola tiene una hermana llamada voluntad, ella es su ayudante. La voluntad en el hombre es el segundo elemento natural que tenemos para el uso de la acción. Sin la voluntad la acción sigue sin desarrollo. La misma decisión no llegará lejos si la voluntad del hombre no es injertada fielmente en esta acción. Esta verdad se ve a las claras en la vida de Noé, se le dio un mensaje que un Diluvio vendría y sin haber visto una gota de lluvia el inmediatamente hizo que la idea actuara y esa acción inmediata fue combinada por su propia voluntad en acción. Por su voluntad en acción, obediencia a la información que poseía el mundo posdiluviano se salvó y gracias a esa voluntad inédita tú y yo existimos hoy.

Nuestras ideas en realidad reflejan lo que somos, así que pensemos en grande y tendremos grandes ideas, esas grandes ideas crean la gran necesidad de una gran acción, si tienen la voluntad correcta tienen el poder en sus manos. Allí está el poder de algo nuevo, la esencia de la vida de esa idea es la acción bautizada en voluntad. "No hay barrera, cerradura, ni cerrojo que puedas imponer a la libertad de mi mente." – dijo ( Virginia Woolf,) si usas tu voluntad correctamente en esa acción nada es imposible.

La voluntad es la plataforma del desarrollo de tal acción tomada en favor de ideas o pensamientos. *No hay hombre que ha puesto algo en acción sin haber usado su voluntad, su fuente natural de "poder".* Cada vez que analizo esto me doy cuenta que hemos perdido años en cosas sin valor y descuidado este recurso que está a la mano de todos. La acción no existe si la voluntad no lo acompaña.

### Se aferra a la determinación

La otra hermana de la acción es la determinación, la voluntad desarrolla la idea puesta en acción, y es requerida en todo momento de la vida sin embargo la determinación es la que le da dirección y le mantiene el paso. *Si tienes determinación tienes destino, si no la tienes solo estas dando un paseo con tu idea en el mundo de la gente común.*

La determinación requiere de nuestra parte fidelidad, entrega y consagración. El consejo es, "Una fidelidad inquebrantable a los principios ha de señalar la conducta de aquellos que se sientan a los pies de Jesús y aprenden de Él." (Mente Carácter y Personalidad tomo 1 pg. 37.) Cuando la determinación es fiel, los resultados son seguros.

Una de las verdades que está carcomiendo los recursos naturales es el que el hombre sea la idea, pensamientos, deseos y para el colmo la determinación de otros. La determinación usada por y en ti en lo que sea harán progresos que jamás has soñado, hará logros que jamás has visto y por experiencias se verá que es lo que hace la gran diferencia entre el que solo sueña y el que quiere algo.

Tal vez lo que tienes que hacer es pensar pero no para traer algo nuevo sino usar tu experiencia en la vida para crear algo nuevo. Glen Meakem, él estuvo en la primera guerra del golfo, aprendió el sistema, estudio negocios en Harvard y años más tarde convierte su experiencia militar en un sistema llamado FreeMarket Inc inventado por el mismo. Determinado a utilizar su experiencia trae este sistema basado en su experiencia. La idea básica de tal concepto es que hay libertad para negociar, que cualquiera debe y puede ser el comprador y vendedor al por mayor y que no debe estar controlado jamás el mercado por el gobierno. Precursor de eBay que provee un sistema revolucionario de compras corporativamente. Esta empresa que estableció más tarde la vendió por 500 millones de dólares. ¿Qué es imposible?, solo lo que no pienses, no uses o no aprendas, no experimentes. Todo es posible.

La determinación es lo que hace la gran diferencia entre el que desea y logra algo. *La determinación es la gasolina que te llevará a donde tú quieras en el mundo.*

Esta es una ley aplicada a todo lo espiritual, social, físico, familiar y social. La determinación es perseverancia, tiene sus logros y casi siempre produce un excelente orador, productor, director, ejecutivo, negociante, millonario, empresario, carácter, salud, físico y productivo humano. Por eso la clave es, "El duro estudio, el duro trabajo y la diligencia perseverante obtienen victorias. No pierdan horas ni momentos. Los resultados del trabajo - trabajo fiel y diligente - se verán y serán apreciados. Los que desean una mente más fuerte pueden lograrla por medio de la diligencia. La mente aumenta en poder y eficiencia por el uso. Llega a ser fuerte por medio del pensamiento concentrado. El que usa con mayor diligencia sus poderes mentales y físicos alcanzará los mayores resultados. Cada poder del ser se fortalece por la acción." (Mente Carácter y Personalidad tomo 1 pg. 102.) Determina lo que quieras y hazlo, determina lo que piensas y lógralo.

Ella se llama Malalai Joya, nace en 1978, es una activista social y política afgana quien vive el poder de la voluntad. La historia de Joya esta brevemente redactada en el blog "Mujeres que hacen historia – Breves biografías" Nació a los pocos días de que su país fuera invadido por la Unión Soviética. En campos de refugiados en Irán y Pakistán, observó las guerras fratricidas afganas. Fue a la escuela donde aprendió sobre derechos humanos, justicia y libertad que ha puesto en acción con una voluntad invencible.

Tenía 16 años cuando comenzó a educar a las mujeres en los campos de refugiados y a dirigir diversos orfanatos. Cuando aún era desconocida en el 2003, se presentó ante la Gran Asamblea, la Loya Jirga, - un organismo milenario donde las tribus afganas tomaban decisiones políticas antes de la creación del régimen parlamentario, - y denunció a sus integrantes como criminales de guerra, y pidió que se les expulsara de la Asamblea. Dos años más tarde, tras su larga lucha por los derechos de la mujer y la infancia, en 2005 se presentó a las elecciones al Parlamento y consiguió un escaño por la provincia de Fara. Como diputada siguió denunciando la miserable situación de su país, hasta que en Mayo de 2007 la expulsaron por comparar a los legisladores con los animales del establo.

En el 2001, Estados Unidos y sus aliados en la guerra contra el terrorismo, ocuparon Afganistán, justificando la invasión por la situación de la mujer, bajo el lema de democracia e instalaron a los representantes de la Alianza del Norte.

Con valentía y coraje esta joven mujer ha denunciado la corrupción de los parlamentarios, enriquecidos gracias al tráfico de drogas, la violencia contra las mujeres, que son obligadas a entregar a sus hijas, las violan, las secuestran. Muchas mujeres se auto inmolan para no ser vendidas, saquean escuelas, cortan orejas a los maestros para ejemplarizar.

Malalai que se opone a la ocupación de Estados Unidos, pide que éste presione al Gobierno de Karzai para que cambie las leyes y saque del Parlamento a los terroristas que cometen crímenes contra su propio pueblo. "Hay que invertir en educación, porque la gente se hace terrorista porque es analfabeta y se pueden manipular sus emociones con facilidad".

Su decisión de actuar y no solo hablar tiene su vida en peligro. Ya ha tenido cuatro intentos de asesinatos y varias amenazas de muerte, pero la burka, contra la que siempre ha luchado, ahora se ha convertido en la única manera de pasar desapercibida. "Lo que más me preocupa es que, si me pasa algo, las mujeres por las que lucho perderán la esperanza. Pueden matarme, pero no callar mi voz ni esconder la verdad", ha dicho en varias conferencias. La acción es viva, se ve cuando se tiene determinación.

## No existió si no logra resultado

La acción no tiene futuro ni es real si no tiene la intención de lograr resultados. El resultado es la única información que testifica que la acción existió, la acción es poder en la mano del individuo cuando sabe lo que piensa. Cuando realizas logros entonces ella dice que tan grande fue tu pensamiento o idea. Por eso es que gente que va a la universidad solo pierde su tiempo pues nunca es ni siquiera lo que estudio, trabajan en otras cosas y los que nunca fueron son empresarios. En otras palabras si estudias algo que sea tu deseo y cuando te gradúes trabaja en ello de lo contrario eres una hoja en el campo cuando otros son los árboles. En verdad me he convencido que si encuentras un pensamiento y se vuelve deseo a muy temprana edad no necesitas perder tiempo en clases o escuela, dedícate a lo que deseas y verás que serás lo que la escuela nunca producirá.

Lo verdad poderosa está no en la de los pensamientos o ideas esto solo es la mitad del camino, la pequeña pero grande clave está en entender el 'poder de la acción'. Anais Nin nos ha dicho que "La vida está en gran parte compuesta por sueños. Hay que unirlos a la acción." Que poderosa verdad que ha hecho a los pocos grandes e ignorado a los muchos.

Ideas que nacieron por las emociones pasajeras no son estables y por eso muchos solo intentan pero, *"Las personas auténticas tienden a la acción."* Dijo (Warren Bennis.) Sepamos que la acción que tiene éxito es aquella que nace no de las emociones, pensamientos e ideas pasajeras sino de los principios, de las metas, de las visiones basado en lo que tienes en la mente que ha conquistado a tu propio corazón y mente.

Cuando se trata de emociones vacilantes y pensamientos pasajeros se dijo "Cuando tiene que decidir el corazón es mejor que decida la cabeza." (Enrique Jardiel Poncela.) *(1901-1952.) Escritor español.* Usemos lo que tenemos y que la acción sea la compañera de ahora en adelante para cada idea que sabemos es idea con potencial, su verdadera cara será vista en sus logros que benefician a la humanidad. "Una de las ventajas de las buenas acciones es la de elevar el alma y disponerla a hacer otras mejores." (Jean Jacques Rousseau.) *(1712-1778) Filósofo francés.*

El poder de la acción es el camino de grandes sueños realizados, es la base de toda creación nueva en la vida, un producto, un proyecto, un libro, un viaje, un carácter a los pies de Dios, las acciones son el aire que le da vida a todo lo deseado, es la verdad que camina al lado del esfuerzo y completa entrega a lo que has pensado y puesto en una gran idea. Si las ideas no logran su crecimiento entonces solo fue un pantano de pensamiento, que pérdida y basurero en la mente. Víctor Hugo nos dijo que: "El agua que no corre hace un pantano, la mente que no trabaja nos hace un tonto."

En conclusión esta es la ley de la vida de los grandes que ya nos dejaron y de los que están naciendo. Todo dicta que la acción es el poder verdadero del pensamiento, idea y deseo. No hay vida sin acción y sin acción no hay nada que se logre en virtud de un futuro próspero y feliz. Alguien nos dijo: "Somos lo que hacemos, no lo que pensamos ni lo que sentimos." Parece contradictorio pero analízalo y verás que no lo es. Acción con vida es la acción armoniosa con la mente y determinación, voluntad y más acción.

"Estudien el plan del Señor con respecto a Adán, quien fue creado puro, santo y sano. Se le dio algo para hacer. *Había de usar los órganos que Dios le había dado. No podría haber estado ocioso. Su cerebro debía trabajar, no en forma mecánica, como una simple máquina.* En todo tiempo la maquinaria del cuerpo continúa su obra; el corazón palpita, realizando regularmente la tarea que le fue asignada como una máquina de vapor, impulsando su corriente carmesí por todas partes del cuerpo. *Acción, acción, es lo que satura toda la máquina viviente. Cada órgano debe hacer su obra asignada. Si continúa la inacción física, habrá cada vez menos actividad en el cerebro.*" (Mente Carácter y Personalidad tomo 1 pg. 118,119.)

La acción sin logros deja claro que nunca existió el deseo. La verdadera acción no tiene límites. Ella nació el 10 de Mayo de 1958 en Los Ángeles, California. Los deseos en acción le dieron resultados al ser seleccionada por la NASA en 1990, *y se convirtió en la primera mujer hispana astronauta en 1991. En 1975, Ochoa se graduó* de la Preparatoria Grossmont en La Mesa, California, y en 1980 *obtuvo el título de Licenciada en Física* por la Universidad Estatal de San Diego. Posteriormente estudió en la Universidad de Stanford, d*onde obtuvo una maestría en ciencias y un doctorado en ingeniería eléctrica.*

Ochoa, especialista de misión e ingeniera de vuelo, *ha realizado cuatro vuelos espaciales, reuniendo más de 950 horas en el espacio*. Entre sus proyectos técnicos figura el desarrollo de programas de vuelo, sistemas de computación, así como el desarrollo, la evaluación y entrenamiento en el área de la robótica. *Ochoa ha fungido como Asistente del Director de Astronautas en la Estación Espacial,* enlace principal de aeronaves en el Centro de Control de Misiones *y Subdirectora de Astronautas*. Actualmente *es Directora de Operaciones* de Tripulación Aérea del Centro Espacial Johnson en Houston, Texas.

Entre los numerosos premios y reconocimientos que ha recibido Ochoa, *figuran la Medalla al Servicio Excepcional de la NASA (1997), la Medalla al Liderazgo Excepcional (1995) y las Medallas por Vuelos Espaciales (2002, 1999, 1994, 1993).* Además de ser astronauta, investigadora e ingeniera, *Ochoa es flautista clásica.* Vive en Texas con su esposo, Coe Fulmer Miles, y sus dos hijos.

**Cuando se trata de actuar esta es la verdad que reina, acción y resultados.** Así que la ley es que "de todo lo que pensemos debe hacerse una acción". La belleza de este estilo de vida nos hará creadores. ¿Por qué? Porque, "La acción no debe ser una reacción sino una creación." (Mao Tse Tung.) Recordemos siempre que, *"Un poco de conocimiento que actúa es más valioso que mucho conocimiento ocioso." (* Gibran Khalil Gibran.)

### El verdadero motivo de la acción del exitoso

Sobre todo nuestras acciones deben estar guiadas por amor, el amor a Dios, a nuestro prójimo, a uno mismo. "Cada uno de los movimientos de todos los individuos se realizan por tres únicas razones: por honor, por dinero o por amor." ( Napoleón I.) *(1769-1821) (Napoleón Bonaparte.) Emperador francés.*

La vida ha enseñado que cuando se actúa por amor lo demás es agregado por si solo cuando es lo contrario siempre hay un fin sin ganancia. El amor es el motor que todo lo puede, da todo, busca todo. Dejemos que el amor sea lo que nos impulse a pensar, planear y actuar.

Sea el amor el motivo de cada acción y tendremos una vida no solo victoriosa y con resultados si no también muy feliz. El amor vence todo, amor al sueño vence cada obstáculo, amor a Dios nos deja vivir para bendecir, amor al prójimo nos da razón de existencia. El verdadero amor nos aleja del cansancio, del murmullo. Dejemos solo de quejarnos, de pensar, de planear y de orar, *es tiempo de actuar si queremos estar del otro lado del mar Rojo, del otro lado de los muros de Berlín, del otro la ignorancia, del otro lado de la luna, del otro lado del mundo por el internet.*

Finalmente, "En cualquier ramo de trabajo, el verdadero éxito no es resultado de la casualidad ni del destino. Es el desarrollo de las providencias de Dios, la recompensa de la fe y de la discreción, de la virtud y de la perseverancia. Las bellas cualidades mentales y un tono moral elevado no son resultado de la casualidad. Dios da las oportunidades; *el éxito depende del uso que se haga de ellas."* (Profetas y Reyes pg. 357.) El poder de la acción en las manos del hombre es el amigo de Dios.

Este es el día de nuestra liberación, la oportunidad está aquí, todo está en nosotros, Dios ya nos dio el poder, el conocimiento y la capacidad de hacer lo que debemos hacer para honrarle a Él, elevarnos y bendecir a la humanidad, la acción es el poder de la recreación, transformación y creación. Úsala.

**"Ve pon tu credo en tus hechos." (Ralph Waldo Emerson.)**

# El Poder De La Voluntad 9

"Nada puede resistir la voluntad humana que ponga en peligro aún su existencia en lo que se ha establecido hacer." (Benjamín Disraeli.)

**Es un recurso natural**

La voluntad, Dios nos la dio para hacer todo lo que pensemos y queramos realizar. Ella es la responsable de los milagros humanos con nuestras manos, nuestro talento, nuestra mente, nuestra vida. Los milagros en y por la humanidad ocurren diariamente y Dios ya los vio nacer siglos antes que tú y yo viviéramos. En los genes de cada ser humano está puesta, implantada esta gran fuerza, radiación y poder natural para ser utilizada en cualquier momento de la vida conforme se desee. Es una energía natural, es nuestra.

Lamentablemente una vez más la humanidad no la reconoce del todo. Por experiencia dijo la (Sra. White.) "En mis viajes he encontrado a muchos que realmente sufrían por causa de su imaginación. Les faltaba *poder de voluntad* para elevarse por sobre la enfermedad del cuerpo y de la mente y combatirla; y, por lo tanto, estaban sumidos en la esclavitud del sufrimiento..." (Mente Carácter y Personalidad tomo 1 pg. 61.) Esta cita nos señala la razón de tantas enfermedades, por qué hay tantos problemas mentales y por qué tantos sufren mental, social, espiritualmente, económicamente y profesionalmente. Este resultado no es el deseo de Dios es nuestra propia elección en algún momento de nuestra existencia.

Al final todo depende de nosotros. "Con frecuencia me aparto del lecho de esos que hicieron inválidos de sí mismos, diciéndome: Mueren de a poco, mueren de indolencia, una enfermedad que nadie sino ellos mismos pueden sanar." (Mente Carácter y Personalidad tomo 1 pg. 61.) Tanto para el mal como el bien, el éxito o el fracaso son el resultado de cómo se usa este recurso natural. (Séneca) dijo: "Las injurias y los beneficios penden de la voluntad."

Que verdad más ignorada y es que la voluntad es el recurso más grande y gratis que tenemos todos los seres humanos. Alguien que lo vivió dijo: "Hay una fuerza motriz más poderosa que el vapor y la electricidad, la voluntad." (Albert Einstein.)

Cuando se sabe que la voluntad es un recurso natural a la disposición de todos, entonces no se cree en las casualidades, accidentes sino en un destino buscado, encontrado por voluntad propia, aplicado y utilizado por uno mismo. (John Milton) nos dijo: "No creo en la casualidad ni en la necesidad. Mi voluntad es el destino."

En mi opinión creo que la voluntad es posible ver su destello en todo lo realizado, algo que lo demuestra claramente - poder de la voluntad en acción es el deporte, en la vida de hombres y mujeres atletas.

Una historia que me ha inspirado y ayudó a ver la fuerza motriz, el gran poder que tiene cada ser humano en el poder de la voluntad es la vida e historia de un hombre que luchó lo indecible por conseguir su meta. El poder de la voluntad en él dio el privilegio de llamársele, el "Rey de la Milla" lo había conseguido todo excepto la gloria olímpica.

Dos veces se le escapó pero, como bien dice el refranero, a la tercera la vencida. La historia de Hicham El Guerrouj tiene un punto más dramático que la del resto de estrellas de la historia del medio fondo. Los varapalos olímpicos que se llevó el marroquí en

Atlanta y Sydney demostraron qué grande puede llegar a ser el alma y el espíritu de superación de un atleta.

El medio fondo siempre ha estado cargado de grandes estrellas, casi todas provenientes del continente africano. Es difícil destacar a uno por encima de los demás pero El Guerrouj estaría, con toda seguridad, en un podio virtual entre los grandes mediofondistas de la historia. Los comienzos del magrebí en el mundo del atletismo son bien curiosos. Durante su infancia, el pequeño Hicham era muy aficionado al fútbol. Jugaba de portero y siempre llegaba a casa con la ropa sucia y llena de barro. Llegó un momento en el que su madre se hartó de tanto lavar su ropa así que, ni corta ni perezosa, decidió prohibir el fútbol a su hijo.

Muy un jovencísimo El Guerrouj se decantó por el atletismo. Su país tenía una gran tradición de atletas de media distancia y él siempre había tenido un físico privilegiado para el atletismo. No tardó demasiado en demostrar a todos que había nacido para correr. En los mundiales júnior de 1992 disputados en Seúl, acabó tercero en la prueba de los 5000 metros. Pero es que por delante de él acabaron, nada más y nada menos, que Kirui y Gebreselassie.

Ya desde sus comienzos como atleta, El Guerrouj tenía una meta. Intentar conseguir los mismos éxitos que logró su compatriota Said Aouita. Aouita fue el gran dominador de todas las distancias entre 1000 y 5000 metros durante los años ochenta y llegó a convertirse en un mito del atletismo mundial. Nunca ha tenido una explicación muy clara, pero aunque corría los 5000 en su época júnior, El Guerrouj comenzó a correr los 1500 cuando llegó a participar en las grandes competiciones. Sería en esa distancia en la que se convertiría en poco tiempo en el número uno indiscutible. La prueba reina del medio fondo también le coronaría como uno de los mejores atletas de todos los tiempos.

En su primer gran campeonato, en 1995, el joven Hicham asombró a muchos coronándose campeón del mundo de pista cubierta de

1500 en Barcelona. Ese mismo año, en Goteborg, no podía repetir título en los Mundiales al aire libre de Goteborg. Cruzó la meta en un magnífico segundo lugar, sólo por detrás de un, por entonces, intratable Noureddine Morceli.

Aunque nadie dudaba de su calidad, los Juegos Olímpicos llegaron a convertirse en una auténtica losa para él. Parecía impróspero. Su primer contacto olímpico se produjo en 1996, en Atlanta. Tras confirmar en los mundiales de Barcelona y Goteborg que estaba capacitado para subir a lo más alto, muchos creyeron que Atlanta sería el lugar de su consagración. Pero en la final de los 1500 la mala suerte se cebó con el marroquí. Cuando intentaba atacar a los dos atletas que le precedían, Morceli y Fermín Cacho, El Guerrouj sufrió una aparatosa caída que le llevó a acabar último la prueba.

Morceli se haría con el oro. Esto le enrabietó mucho. Estaba en perfecta forma y si no hubiera caído las tenía todas consigo para ganar. Pero mostrando un carácter ganador que no perdió en toda su carrera, el atleta marroquí no perdió la esperanza. Sabía que la gloria le llegaría tarde o temprano. De hecho, aquel mismo año, tan solo unos meses después de las Olimpiadas, El Guerrouj lograba batir a Morceli en la final del Grand Prix en Milán con la segunda mejor marca de la historia hasta entonces: (3'29"05.) Era la primera derrota de Morceli desde los Juegos Olímpicos de Barcelona 92.

Esa victoria fue el punto de partida a una carrera de ensueño plagada de triunfos. En 1997, unos meses antes de la disputa de los Campeonatos del Mundo de Atenas, bate el récord del mundo en pista cubierta de 1500 (3'31"18) y la milla (3'48"'45) en menos de diez días. Ya nadie dudaba de la supremacía del atleta marroquí en el medio fondo. En Atenas confirmaría su condición de estrella imponiéndose en la final de los Mundiales. Pocas semanas después se imponía en las cuatro pruebas de la Golden Four, éxitos que le supusieron llevarse a casa un premio de 6,6 kilos de oro. El secreto de su éxito estaba en su entrenamiento. Y éste era a 1600 metros de altura en el centro federal de Ifrane, en la región Atlas, y siempre bajo la supervisión del ex atleta Abdelkader Kada. El nombre de Ifrane siempre ha estado unido al de El Guerrouj.

Uno de los grandes logros de toda su carrera deportiva lo consiguió en Roma en 1998. Allí estableció una marca brutal en los 1500 parando el crono de 3 minutos y 26 segundos exactos, casi dos segundos menos que el anterior récord de Morceli. Un récord del mundo que sigue sin haberse superado. Y, según los expertos, aún pasarán unos cuantos años más hasta que un atleta esté en condiciones de acercarse a esa marca. En Julio del año 99, El Guerrouj se haría con otro récord. Durante la Golden Gala de Roma, rebajó el tope mundial de la milla, dejándolo en (3'43''13.) Después de aquello, se le apodó "El Rey de la Milla". Era una prueba que siempre le había hecho especial ilusión ya que admiraba profundamente a Steve Cram. Consideraba el récord mundial del inglés en 1985 la milla perfecta.

Pero volvamos a 1999. El 7 de Septiembre de aquel año, El Guerrouj entraba en la historia al batir el récord del mundo de los 2000 metros (4'44''79) y poseer a la vez tres récords mundiales. También reedita su título mundial en Sevilla. Estos éxitos le hacen afrontar la final olímpica de Sydney en 2000 con todas las esperanzas de subir a lo más alto del podio olímpico. Pero una antigua liebre suya, el keniata Noah Ngeny, le arrebata al final la prueba. El Guerrouj, lejos de desanimarse, comienza su preparación física y psicológica para llegar a Atenas'2004 en las mejores condiciones posibles. Le gustaba citar a (Winston Churchill) y su famoso: "Nunca, nunca te debes rendir". Antes de su tercera cita olímpica, el atleta marroquí continuó con su tiranía en los 1500 metros, incluidos los títulos mundiales de Edmonton'2001 y Paris'2003. Además, fue elegido mejor atleta del año por la IAAF los años 2001, 2002 y 2003.

Y, tras ocho años de agonía, llegaba el día. La final de los 1500 de los Juegos Olímpicos de Atenas se convirtió en una lucha entre El Guerrouj y el keniata Bernard Lagat. La batalla fue memorable en su recta final con varios cambios de líder. Al final, el marroquí alcanzaba la gloria olímpica y soltaba lágrimas de alegría. Le había costado mucho pero finalmente lo había logrado. Pero no había acabado. Cuatro noches más tarde, El Guerrouj corrió la final de los 5000. Allí se encontró con el etíope Kenenisa Bekele, dominador absoluto de la distancia, al que adelantaba en la recta final. Era el primer doblete 1500-5000 desde que lo consiguió la leyenda finlandesa Paavo Nurmi en 1924. Cuando regresó a Marruecos, el Rey Mohammed VI le condecoró con el "Cordon de Commandeur" y él se atribuyó su "tercer oro" del año. Durante toda su carrera deportiva, sobre todas estas victorias de voluntad en acción El Guerrouj nunca dejó de luchar por los más necesitados. Aprovechaba cualquier ocasión para hacer campaña o conseguir donaciones. Sus ámbitos de actuación abarcaban la escolaridad, la salud, la nutrición y el desarrollo de la infancia marroquí.

Curiosamente pero bien dicho y me refiero al nombre que le dieron, La UNICEF no tardó en nombrarle **Embajador de Buena Voluntad**. También forma parte de la Comisión de Atletas del Comité Olímpico Internacional. Así paga el poder de la voluntad en cual ser humanos que en verdad desea algo en la vida no hay cansancio, derrota, obstáculo, miedo e imposibilidades para otros que él o ella no pueda alcanzar.

**Utiliza**

"*La voluntad es el poder* gobernante en la naturaleza del hombre. Si la voluntad está dispuesta, todo el resto del ser estará bajo su mando. La voluntad no es el gusto o la inclinación, sino la elección, *el poder de decidir*, *el poder real* que obra en los hijos de los hombres para obedecer a Dios o desobedecerle." (La Temperancia pg. 100.)

Lo peor de todo es que no se usa la voluntad cuando está al alcance de todos. La voluntad en si es un poder inherente al hombre y sin embargo es un silencio en la vida de muchos pues no se conoce su poder y si se conoce no se usa o se usa mal. El poder de la voluntad tiene valor y es activada hasta que se usa correctamente. *El poder de utilizarla está en nosotros no en Dios o el diablo, pobreza, falta de dinero, fama o cualquier circunstancia.*

Uno de los más grandes conocimientos que debemos recibir es el poder que tiene la voluntad en nuestra vida si se utiliza. Se escribió que, "El tentado necesita comprender la verdadera fuerza de la voluntad." (La Temperancia pg. 100.) Para todo, repito *para todo la voluntad es una gran fuerza para sacarnos de donde estamos, llevarnos a donde queramos.* Ella tiene el poder de darnos otra oportunidad en lo que deseemos si tan solo la utilizamos. Esta es como la electricidad no podemos explicar su manera de llegar pero si podemos ver su poder al tan solo tocar un botón.

Cuando voluntariamente se usa Walt Disney ya nos dijo que – "El valor de la fuerza de voluntad abre caminos." El camino de cada cosa, vida y resultado está en que la humanidad entienda que no necesita dinero, fama, ser de una familia bien acomodada para el logro de sus sueños, deseos y aspiraciones, *solo necesita usar lo que ya tiene la voluntad en su ser y el camino aparece, la oportunidad se realiza.*

La fuerza de voluntad fue la que utilizó una prostituta condenada en los días de Cristo para salir de su profesión y convertirse en una mujer misionera que Cristo mismo dijo que se mencionaría en la historia. La Biblia le llama María la hermana de Marta y Lázaro, en otras partes dice, una mujer o María magdalena. Jesús mismo la reconoce victoriosa y deja escrito lo que ella hizo por Él en el libro Sagrado.

En nuestro mundo actual tenemos a Jennifer Case actriz de porno quien decidió salir de eso. Sin duda alguna que Dios le ayudó sin embargo *fue su voluntad lo que inicio el proceso en ella.* En una entrevista Case nos dice que "*la única manera* **en que yo pude recuperarme** de aquello *es teniendo a Dios en mi vida.* Dios me da la esperanza que no tenía antes". Tras admitir que los últimos años "han sido duros, pero que han valido la pena", revela los elementos clave de la fórmula para salir del problema: "el constante apoyo de los demás, la oración, la Palabra de Dios, y mucho amor".

"Lo más difícil - admite en la entrevista- ha sido **tratar de romper los viejos hábitos** y tratar de tener un 'trabajo real'. Se trata de aprender una nueva forma de vida, una mejor manera de vivir. 'Creo que mi recuperación es una cosa progresiva' y continua que 'llevará mucho tiempo.' Estuve metida en eso muchos años y por eso es grande el daño causado". ¿Cuál es el punto aquí? Que la voluntad puede sacarnos de lo peor, ayudarnos y ponernos en el camino de toda posibilidad en el caso de Chase o María Magdalena es que la voluntad en acción les dio otra oportunidad.

Voluntad de éxito es en sí disciplina personal. Logros que hacen historia requieren disciplina. "La autodisciplina debe ser practicada por todo el que pretende ser un hijo de Dios; porque de esta manera la mente y el corazón son puestos en sujeción a la mente y la voluntad de Dios." (Mente Carácter y Personalidad tomo 1pg. 105.)

## Se fortalece en la práctica

"Tu parte es *poner tu voluntad* del lado de Cristo. Cuando le rindes tu voluntad, inmediatamente toma posesión de ti y obra en ti para querer y hacer según su beneplácito. Tu naturaleza es sometida al dominio de su Espíritu. Aún tus pensamientos le están sujetos. *Si no puedes dominar como quieres tus impulsos y emociones, puedes dominar la voluntad, y así se obrará un cambio total en tu vida.* Cuando *rindes* tu voluntad a Cristo, tu vida se esconde con Cristo en Dios. *Está aliada con el poder* que está por encima de todos los principados y potestades. *Tienes una fuerza de Dios que te mantiene unido a su fuerza, y es posible para ti una nueva vida, la vida de la fe.*" (La Temperancia. Pg. 101.)

Nunca tendrás éxito en elevarte a ti mismo a menos que tu voluntad esté del lado de Dios, colaborando con su influencia bendita - el Espíritu de Dios. Nunca pienses que no puedes, sino di: "Yo puedo, y lo haré". Dios ha prometido su Espíritu para ayudarte en todo esfuerzo decidido pero Él no puede hacerlo y no lo hará por ti. Esta es la razón porque muchos oran, rezan y gritan en sus plegarias pero eso es todo lo que hacen. Dios bendice el esfuerzo humano con sus providencias Divinas si ellos utilizan su propia voluntad.

Este don grandioso de la voluntad tiene el poder de crecer y fortalecerse **solo si se práctica constantemente**. En la práctica, en la constante utilización de ella te bendice con más poder de voluntad. Se vuelve una dinamita que abre más camino, más espacio, más oportunidades, más logros, más acciones. "Quizás otros acierten de entrada; lo que es yo, no acierto sino después de diez tentativas. Quizás otros acierten después de diez tentativas; yo, después de mil." (Confucio.) El punto es practicarlo hasta que es una realidad lo que se desea por voluntad al hacer ese ejercicio siempre ella crece en poder.

Kentucky Fried Chicken se sirve a los estadounidenses y personas en más de 80 países todos los días, gracias al Coronel Harland Sanders. El hombre detrás de una de las mayores empresas de comida rápida en todo el mundo, Sanders ha sido honrado con una estatua en la medida en Kowloon en Hong Kong.

La historia de Kentucky Fried Chicken y Sanders es notable. A la edad de 65 años, Sanders tuvo que cerrar su restaurante y retirarse sin dinero, con sólo su cheque del seguro social de $ 105 para seguir adelante. Su increíble historia de la fama por las nubes y la fortuna comenzó realmente después de eso, pero vamos a echar un vistazo a su vida antes de Kentucky Fried Chicken triunfara.

Nacido en Septiembre de 1890, Sanders fue el mayor de los hijos de los trabajadores de minas de carbón en Kentucky. Su padre murió cuando Sanders estaba a sólo 6, y se enfrentó de pronto con la responsabilidad de cuidar de su familia. Desde que era demasiado joven para trabajar fuera, su madre tuvo un puesto de trabajo y el joven Sanders tenía que cuidar de la casa y sus hermanos y hermanas. Su madre le enseñó una serie de recetas, que incluía pollo frito. Durante los próximos años, Sanders trabajó en una granja, como un conductor en un tranvía, un bombero de ferrocarril, y también funcionó una estación de servicio. Sus habilidades culinarias comenzó a hacerse notar en la estación de servicio, como él fustigó los labios deliciosos relamerse los alimentos que se detuvo en la estación. Como su nombre en el negocio de los alimentos llegó a ser popular, Sanders abrió un restaurante, donde su plato estrella es el pollo frito.

Todo fue bien hasta 1950 y, a continuación Sanders tuvo que cerrar la tienda en su estación de servicio tuvo que cerrar para dar paso a una nueva carretera. No dispuestos a vivir con sencillez en los controles de seguridad social, Sanders persuadió a otros a poner dinero en su receta de pollo frito. *El resto, como dicen, es historia pero no sin antes mencionar que antes que le aceptaran la receta tocó puertas más de 900 veces hasta que alguien le dijo sí. Cuando uno tiene el deseo mezclado con el poder de la voluntad no hay obstáculo y no existen NO que lo puedan detener.*

El comienzo de ella es pequeño. Porque en todo lo pequeño esta la vida. "La voluntad es la que da valor a las cosas pequeñas." (Séneca.) La práctica en toda materia, talento, don, capacidad es la llave para su crecimiento y fortalecimiento en nuestra vida personal y profesional. Muchos no logran mucho no porque no tengan la idea, el proyecto en mente sino porque no usan su voluntad *y lo más triste es que otros inician algún sueño pero no llegan a sus metas porque no la practican lo suficientemente.* Ella incrementa en poder en la práctica continua.

Lo que ha llevado a hombres y mujeres al éxito no son milagros escondidos, sino el enfoque en su voluntad, si un individuo supiese el poder de la voluntad buscaría desarrollarla, buscaría animarla con aspiraciones a corto plazo para lograr metas a largo plazo. "Una vida sin metas es una muerte viviente."(Mente Carácter y Personalidad pg. 351.)

## Es poder

"Aunque hay una tendencia natural a seguir un camino descendente, *hay un poder* que se combinará con los diligentes esfuerzos del hombre. *Su poder de voluntad* tendrá una tendencia neutralizadora." (Mente Carácter y Personalidad tomo 1 pg. 108,109.) En otras palabras la voluntad es un poder que ejerce influencia en nuestra mente, nuestro carácter y nuestros deseos. Lo impulsa, lo detiene, lo rebusca, lo logra, lo desaparece, lo inicia, tiene el poder de hacer que todo empiece, se detenga o siga y se logre – ella es la voluntad. ¿Por qué? Porque es poder, es poder en nuestras manos para recrearnos, crear o hacer lo que la mente ha pensado.

"El gran secreto *del poder* se encuentra en la voluntad." (Giuseppe Mazzini.) El poder de la acción está íntimamente relacionado con la fuerza de la voluntad. La voluntad es el gas para el carro que quieres manejar figurativamente. La voluntad es la gran fuerza que hace la diferencia entre una acción que empieza y termina su objetivo. La voluntad es la fuerza que tiene todo el potencial para que cualquiera use la idea que tienen allí en su laboratorio. Víctor Hugo escribió que: "A nadie le faltan fuerzas; lo que a muchísimos les falta es voluntad."

La verdad que he estado repitiendo en cada uno de las facultades hasta ahora en el libro mencionado y que seguiré escribiendo *es que no se aprecia o usa*. La voluntad no es la excepción. "*El poder de la voluntad no se aprecia debidamente*. Mantened despierta la voluntad y encaminadla con acierto…" (Mente carácter y Personalidad tomo 2 pg. 717.)

En realidad de nada nos sirve si no entendemos el concepto del poder de la voluntad, la voluntad es poder en las manos del que piensa, del que es creativo, es una fuente inagotable más que toda una nación en guerra si se reconoce y usa. El que entiende entienda que nadie puede robarte este gran poder, solo tú.

Bruce Willis es un ejemplo de la voluntad, es un poder que cambia tu mundo si la aceptas y utilizas activamente. Él era tartamudo y la burla de todos. Luego de que los padres de Bruce se separaran en 1972, este ingresó a la escuela secundaria donde sus problemas de fluidez del habla fueron más notorios. Sus compañeros lo molestaban con apodos haciendo referencia a su trastorno. Deseoso de superar su tartamudez buscó soluciones. Willis se dio cuenta que arriba del escenario su tartamudez desaparecía ya que le era más fácil expresarse estando en una tarima.

Desde entonces comenzó a actuar y su paso por la secundaria le fue más cómodo, convirtiéndose en el Presidente del Consejo Estudiantil y en un miembro activo del club de drama. El voluntariamente buscó ayuda a su problema, quiso superar su obstáculo y lo logró. Hoy es considerado uno de los mejores actores de todos los tiempos. La voluntad es poder para el que sabe usarla cambiando tu vida y aún te puede dar fama y dinero si sabes lo que tienes.

Como nunca antes el mundo está desesperado por tener esto o aquello y fracasa solo viendo a pocos triunfar. No saben que están sentados sobre una mina de oro de poder. El poder está en nosotros desde que nacemos solo que muchísimos tardan muchísimo en reconocerlo, encontrarlo eso si lo encuentran y usarlo, eso sí lo usan. El poder de la voluntad es la mano de Dios en el corazón del hombre, es el pensamiento de Dios en la mente del ser humano, el poder, es la fuerza de Dios en la inspiración del hombre. ¡Qué poder, que poder en la humanidad! "La fuerza no proviene de la capacidad física sino de una voluntad indomable." (Mahatma Gandhi.)

Los hombres de éxito saben esto y es por ello que cuando ellos dicen *sí en su mente, no hay montaña de obstáculos,* no hay obstáculos en el camino que no se usen como eslabones en su vida que no les lleve a donde quieren llegar. *El 'no' de los demás es el 'sí' de su existencia, las excusas son oportunidades para ellos.*

El más grande paso que uno puede dar es activar el poder de la voluntad, ella nos lleva lejos, ella es la que hace que las ideas se vuelvan acciones, esas acciones realidades, frutos, resultados. Todo lo que el hombre de éxito ha logrado se debe a que utilizó el don de Dios – la voluntad de hacer lo que quieren, su decisión de lograr algo, y sobre todo usar su voluntad para sus objetivos, deseos, metas y proyectos así que todo esto es un asunto personal.

La verdad es que: "Quien tiene la voluntad tiene la fuerza." (Menandro De Atenas.) Entender esta gran verdad nos llevaría a horizontes lejanos que solo fueron un sueño. La voluntad ayuda a usar lo que ya tenemos y no lo que pensamos no tener.

## Depende de ti

**"Mediante el debido uso de la voluntad cambiará enteramente la conducta." – (Consejos Sobre Salud pg. 437.)**

La otra gran verdad de todo esto es que aunque todos tengamos grandes ideas y mucha comprensión de lo que es la acción, todo finalmente no depende de las oportunidades, estudios, ideas y privilegios sino de ti. Todo conocimiento coleccionado es nada en comparación de una acción con voluntad fija. Tú eres el responsable de triunfar o quedarte viendo al mundo progresar. Elena de White lo dijo claramente. "*Estaréis* en constante peligro hasta que comprendáis la verdadera fuerza de la voluntad. *Podéis* creer y prometer todas las cosas, pero vuestras promesas y vuestra fe no tienen valor hasta que hayáis puesto vuestra voluntad del lado del bien. *Si peleáis la batalla* de la fe con vuestra fuerza de voluntad, no hay duda que venceréis." (La Temperancia pg. 100.)

Cuando uno ama la vida no hay envidias solo deseos más grandes de ayudar a otros, ser grandes en la bondad, amor y servicio al prójimo. La voluntad es el puente que une de un pensamiento, idea y deseo a una realidad. La voluntad vuelve toda idea, pensamiento en realidad porque no depende de la nada, de otros, de nadie sino de ti mismo. El líder Mahatma Gandhi dijo bien acertadamente:

**"La fuerza no viene de la capacidad corporal, sino de una voluntad férrea."**

Todo depende de nosotros, ya no hay excusas, porque: "Una mente lúcida y un buen corazón acompañados por sentimientos cálidos, son las cosas más importantes. Si la mente no se dirige a los pensamientos positivos y elevados, nunca podremos hallar la felicidad." (Dalai Lama.)

Entender y aceptar que ya lo tenemos nos dará el poder para usar el poder de la voluntad. Una mente que sabe que lo tiene es una mente que puede usar lo que tiene. La voluntad es un don de Dios al hombre al nacer, ya está en nuestro sistema, no se tiene que aprender una nueva lección para obtenerla todo ser humano la tiene. El problema está en que no todos lo saben, no todos lo usan, no todos le sacan el provecho a ella. "Las cadenas de la esclavitud solamente atan las manos: es la mente lo que hace al hombre libre o esclavo." (Franz Grillparzer.)

Hablamos mucho de las victorias de Cristo y otros grandes hombres y mujeres de la historia pero, ¿por qué nosotros no ponemos nuestros nombres en la lista? "Dios no puede salvar al hombre contra su voluntad del poder de los artificios de Satanás. El hombre debe trabajar *con su poder humano*, ayudado por el poder Divino de Cristo, para resistir y vencer a cualquier precio. En otras palabras, el hombre debe vencer así como Cristo venció. Y entonces, mediante la victoria que es su privilegio ganar por el Todopoderoso nombre de Jesús, puede llegar a ser heredero de Dios y coheredero de Cristo." (La Temperancia pg. 98,99.)

Si uno no tiene una determinación fija, de nada sirve la voluntad. La voluntad es el oxígeno para cada gran idea que se desea dar vida, darle forma, proveerle un lugar en esta vida. "Se puede quitar a un general su ejército, pero no a un hombre su voluntad." (Confucio.) Repito usemos lo que ya tenemos, ese poder está en nosotros y el logro, éxito depende de nosotros. ¿Eres capaz de fijarte por ti mismo tu bien y tu mal y suspender sobre ti la ley de tu propia voluntad? ¿Eres capaz de ser tu propio juez y el guardián de tu propia ley? (Friedrich Nietzsche.)

Edwin C. Barnes tenía un deseo ardiente de convertirse en un asociado de negocios con el gran inventor Thomas A. Edison. No quería trabajar para Edison, quería trabajar con él. Como un paso hacia convertir su sueño en realidad, Barnes solicitó trabajo en el laboratorio de Edison en Nueva Jersey. Lo contrataron como empleado de oficina y le pagaban el sueldo mínimo, lo que era algo muy lejos de una sociedad con Edison.

Los meses pasaron sin ningún cambio en su condición económica ni en su relación con Edison, el seguía siendo empleado y Edison su empleador. La mayoría de la gente se habría rendido, sintiendo que su trabajo no lo llevaba a ningún lado. Barnes, sin embargo, permaneció firme. Llegó a darse cuenta por completo del ambiente en la oficina y del trabajo de cada persona, y buscó maneras de lograr que el trabajo de cada uno fuera más placentero y eficiente. Sobre todo, permaneció dispuesto y optimista. Vio mentalmente todo lo que hacía como preparación para el día cuando llegara a ser socio de Edison en una nueva empresa.

Llegó el día en que Edison le presentó a su personal de ventas su invención del dictáfono - Edison. No creían que se vendería. Sin embargo, ¡Barnes vio con ojos de realidad esta máquina de apariencia extraña como su oportunidad! Se dirigió a Edison, anunciándole que le gustaría vender el dictáfono. Puesto que nadie más demostró entusiasmo alguno por él, Edison le dio la oportunidad al joven. Le concedió un contrato exclusivo para distribuir y promover la máquina de oficina por los Estados Unidos. Edwin Barnes tuvo éxito en alcanzar su meta de trabajar con el gran inventor, y al mismo tiempo lograr su meta de tener éxito en los negocios como un socio de Edison. La historia es clara cuando la voluntad se usa debidamente no hay nada que valga, obstáculo que te niegue tu deseo porque gracias a Dios no depende de nadie sino de ti mismo.

¿Tienes una meta en mente hoy? Puedes estar seguro de que la alcanzarás mientras sirves a otros y los ayudas a alcanzar sus propias metas. La ayuda que le ofreces a un miembro de la familia, a un vecino, a un compañero de trabajo o a tu jefe hoy regresará a ti en éxitos mañana. Tal vez la oportunidad te llegue hoy disfrazada de mala suerte, derrota, rechazo o fracaso. Mira más allá de los problemas para considerar las posibilidades. En fe, ayuda a una persona a superar sus dificultades y te sorprenderás por las cosas buenas que Dios envía a tu camino. En realidad al final del discurso todo depende de ti.

"*Todo depende de la acción correcta de la voluntad. El desear lo bueno y lo puro es justo; pero si no hacemos más que desear, de nada sirve.*" (La Temperancia pg. 100.) El poder está en ti, somos responsables de nuestra vida, logros y destino.

# El Poder De La Decisión 10

> "Tu vida cambia en el momento que tú haces una nueva decisión, congruente y cometida decisión." (Anthony Robbins.)

El libro Sagrado nos dice que. "¡Muchos pueblos *en el valle de la decisión*! Porque cerca está el día del Eterno *en el valle de la decisión."* (Joel 3:14.) El poder de la decisión es dada por Dios a cada ser humano. El mencionarlo dos veces en esta cita Bíblica demuestra su importancia en el desarrollo de las posibilidades de la humanidad. Está al acceso de todos y se vive en algún momento de nuestra existencia.

He examinado este punto con su suficiente tiempo y veo e insisto que en algún momento de nuestra vida se debe pasar en esta estación de experiencia, el problema es que unos lo reconocen y otros ni cuenta se dan. La ignorancia es cruel y sabe cobrar sin pedir permiso. Es de importancia sin paralelo que prestemos atención a esta verdad – el poder de la decisión.

Llegar a ser grandes en todo requiere una disposición a decidir lo correcto y justo de lo síquico, espiritual y físico. Los resultados reclaman personas que provean su todo. Se dijo ya que una persona que tiene, "Una disciplina decidida en la causa del Señor realizará más que la elocuencia y los talentos más brillantes." (Mente Carácter y Personalidad tomo 1 pg. 105.)

Rosa Park es un gran ejemplo de lo que hace el poder de decidir por uno mismo contra lo convencional, leyes impuestas por hombres, limites solo en nuestra mente. Cansada de sufrir, de buscar una salida al racismo y de ser humillado un día decidió actuar. Hacer algo por su convicción. El resultado inmediato fue su detención, por quebrantar la ley. Su decisión hizo noticia en la nación ese día.

La noticia circuló como arroyo de pólvora por la ciudad, y la imagen de la policía arrestando a una mujer de porte humilde y equilibrado, de la que no podía imaginarse ni sombra de provocación, causó su impacto. Pronto los líderes negros se pusieron en campaña, y la circunstancia hizo surgir en la escena al joven pastor de una iglesia Bautista local, quien, desconocido hasta ese momento, sería luego admirado en todo el mundo como uno de los máximos paladines de los derechos civiles del siglo XX: el Reverendo Martin Luther King Jr. Te pregunto ¿Si esta mujer que nadie conocía, que nadie la estaba patrocinando, que no tenía ninguna propuesta al mundo más que su propia convicción, no hubiese decidido actuar, hacer algo por su fe, su convicción habría aparecido Martin Luther King Jr? ¿Habría libertad para la comunidad negra? ¿Tendríamos un presidente negro en Estados Unidos? Las decisiones tienen no solo impacto en la vida personal sino que también lo es mundial. Hoy el presidente Obama no sería lo que es *si esta mujer no hubiera decidido* hacer algo en su tiempo por una simple pero poderosa decisión.

## Entre idea y acción

La decisión vive entre la idea – la mente y la acción – voluntad. La decisión es el comienzo a activar todo lo demás. Todos tenemos mente, voluntad pero en muchos casos no hay acción porque no se toma la decisión. La decisión no te busca, debes buscarla, no te usa, debes usarla pues sin ella no se puede impulsar la voluntad a la acción. Por lo contrario, "Gran daño se hace por la falta de firmeza y decisión." (Conducción del Niño pg. 266.)

La decisión es el puente que hace posible una idea, es lo que hace que la voluntad tenga vida, ella es la responsable que se engendre vida en todas las cosas pensadas, planeadas y deseadas. Sean ellas buenas o malas todos deben pasar el campo de la decisión.

Es poderoso el espacio entre idea y acción. Este espacio se le da muy poca atención y por ello hay muchos soñadores, pensadores, moralistas, políticos prometiendo una y otra vez y eso es todo, no hay acción, no existe voluntad en fuego porque no se usa el poder de la decisión. La decisión es la verdad que protege, guarda y prospera un pensamiento o aspiración envuelto de voluntad a que exista.

Tenía trabajando 15 años en televisión pero cuando entra a sus cuarenta años ya no se sentía realizado. En la nostalgia de su niñez encontró un niño para un nuevo pensamiento. Le encantaba los encurtidos de su casa que no encontraba en la tienda. Así que decidió hacerlos él mismo. Empezó jugando, luego le encantó el juego de hacerlo y compartirlos con sus familiares y vecinos hasta que se volvió su pasión.

En el 2001 Rick Field gana el concurso de un festival de curtidos. Empezó en su cocina de apartamento más tarde se desarrolló hasta una planta de producción. Hoy supervisa una distribución regional. ¿Dónde encontró su sueño, idea? En sus pensamientos, como logró su sueño hecho realidad un simple recuerdo de niño decidiendo hacer lo que no había.

No olvides la decisión es el espacio que existe entre la idea y la voluntad. Es diminuto ese espacio pero poderoso.

**Primer paso**

El primer paso de una idea, de un pensamiento y un deseo es la decisión. Si queremos lograr metas, ver logros y gozar resultados debemos dar los primeros pasos en la vida de ello – la decisión, las decisiones son los pasos a vivir. "Pocos males deben ser más temidos que la indolencia y la falta de propósito." (Mente Carácter y Personalidad tomo1 pg. 352.) Eso es cuando solo se piensa y desea. Cuidado porque cuando no se decide se estanca todo este conocimiento y he allí el inicio de los celos, envidia, egoísmo. Te vuelves un gusano de la sociedad.

Veo el poder que tiene la decisión en la vida de Soichiro Honda su espíritu innovador nació por un incidente de su vida. El hombre que eventualmente causaría angustia en las empresas de carros Americanos y japoneses nació en 1906 en Komyo en una pequeña villa cerca de 125 millas suroeste de Tokyo. *Como el ídolo de su vida Tomas Edison tubo muy poca educación formal y muy poco interés en la educación convencional.* Una vez al ser ridiculizado por el maestro al no entregar la tarea dijo el Sr. Honda, que 'un diploma de escuela tiene menos valor que un ticket de teatro', de películas. Fue aquí donde *decidió* ser alguien, se lo propuso y lo logró detrás de caídas, fracasos, muchos intentos, derrotas y obstáculos de manera exitosa hizo un nombre y una empresa de logros y fama en 1972 con el carro conocido hoy como Honda.

Nada tiene futuro, nada empieza, nada se engendra si este primer paso no se da. Debe empezar el sendero del éxito con un paso voluntario los demás vendrán y dependen solo de ti. Así que mi lema es 'si hay decisión hay posibilidad.' "No pido senderos suaves, pero sí suplico a mi Padre celestial que me aumente la fe, que pueda superar toda dificultad posible. Él puede darnos el Consolador y está dispuesto a darlo; pero debemos tener firmeza *y decisión*, manteniendo, en todas las circunstancias, una integridad y confianza cristianas puras..." (A Fin de Conocerle pg. 172.)

La decisión es el primer apretón de gas al carro. Dijimos que la voluntad es el gas que te lleva a donde tú quieras pero ello no funciona si no decides pisar ese acelerador figurativo de tus deseos. Aunque el concepto de la decisión suena tan insignificante y comprensible y simple sus resultados son grandiosos, juega un papel de la más alta categoría en el logro de todo ser humano, de hecho ella es la causante de vidas, cosas y resultados buenas y malas.

La decisión es el permiso y arranque de todo en la vida. "Llega un momento en los asuntos de los hombres en que hay que coger el toro por los cuernos y enfrentarse a la situación." (W. C. Fields *(1879-1946) Actor y cómico estadounidense.*) Este punto es interesante en términos síquicos pues la verdad es que en la vida tenemos el poder de decidir, empezar y hacer pero lo irónico es que si uno no lo hace otro o algo lo hará por nosotros y al final vivimos la decisión de alguien.

"Que los hombres vean que la verdad no es para Uds. una chanza sino una realidad eterna. Pero tendrán que actuar con principios como nunca antes lo han hecho. Esparzan la semilla de la verdad a manos llenas. Siembren junto a todas las aguas. *No tengan límites prescriptos que no pasarán, antes bien trabajen con todos los poderes que Dios les ha dado.* Entonces la gente los conocerá como personas que creen en la verdad y para quienes ésta es una realidad. Que su fe no falle. Hagan que su mente llegue *a la decisión de liberarse* de toda pereza e inacción... *Aférrense con firmeza. No dejen medio alguno sin probar*. Trabajen, velen y oren. Caminen humildemente con Dios." (Alza tus Ojos pg. 16.)

### Tiene el poder de cambiar tu vida

Todos lo que viven esta vida tendrán en algún momento que sufrir reveses pero aquellos que aceptan el poder de la decisión nunca fracasan solo aprenden de sus errores, la sabiduría es acción activa en cada enseñanza de la vida pues allí toman la decisión de aprender, de aplicar, de cambiar el rumbo de sus pensamientos, sus actos, tácticas, sistemas pues ella no solo cambia el rumbo de pensamiento, de acción sino tiene un efecto en toda la existencia del individuo. Lo que hoy somos es un número de decisiones conscientes o inconscientes del pasado. Lo que seremos mañana será el resultado de la decisión de hoy.

Dios mismo es el que busca que seamos lo que Él nos creó ser. "Dios demanda el adiestramiento de las facultades mentales."

(Mente Carácter y Personalidad tomo 1 pg. 105.) No ser lo que podemos ser es una excusa sin valor. Todos pueden si quieren pues Dios ya nos invistió de poderes para lograrlo.

Cansado del tráfico con la salvación un día *este hombre decisión* atacar las indulgencias que prometían perdón de cualquier pecado, falta o error, y entrada al cielo bajo cualquier tipo de vida vil, como también evitar el infierno si tan solo compraban una indulgencia aprobada por el líder religioso más grande del mundo. Un hombre desconocido hasta entonces vio esto como comercio indigno de la salvación.

*Un día decidió* oponerte poniendo sus argumentos contra las indulgencia en 95 tesis en la puerta de su iglesia en Wittenberg Alemania. Nunca, nunca se imaginó que esta decisión cambiaría su vida, su concepto, su iglesia su nación, y fue la mecha que revolucionó el mundo europeo trayendo el periodo del protestantismo que quebrantó, doblegó a la iglesia más poderosa del mundo, la trajo a los suelos en el poder de Dios y su decisión. Solo por decidirse ir contra lo que él sabía estaba mal logró la libertad religiosa más grande que alguna vez se haya vivido en la historia del mundo, nos sometió a una nueva era.

Los efectos de su decisión influenciaron la política de Europa, la religión y la sociedad, hasta hoy los efectos de su decisión se ven en nuestro mundo moderno. Gracias a ese hombre, a su decisión y su fidelidad hemos gozado libertad religiosa por cientos de años. Así lo dictó la decisión un hombre llamado Martin Lutero el 31 de Octubre de 1517.

Lo que será el mundo del mañana no depende del gobierno, de la universidad ni tus padres sino de ti y de mí, nuestras decisiones de hoy serán responsables. El poder del cambio está en nosotros, solo en nosotros. Una de las facultades grandes que el cielo nos ha otorgado es este poder – el poder de la decisión. *"El deber de cada obrero no consiste solamente en poner su fuerza en lo que hace, sino además su mente y su pensamiento... Podéis estereotiparos en una conducta equivocada por carecer de decisión para reformaros,* o bien podéis cultivar vuestras facultades para prestar el mejor de los servicios, y así ser buscados por todos y en todas partes. Así os apreciarán por lo que valéis. "Todo lo que te viniere a la mano para hacer hazlo según tus fuerzas" (Ecl. 9: 10). "En lo que requiere diligencia, no perezosos; fervientes en espíritu, sirviendo al Señor" (Rom. 12: 11)." (A Fin de Conocerle pg. 335.)

Todo el que quiera ser alguien mejor, tener algo mejor, lograr algo mejor, crear algo mejor tiene que decidirlo hoy. Deseas casarte tienes que decidirte a ello. Quieres ser salvo tienes que tomar la decisión de aceptar la salvación. Todo, todo en la vida involucra una decisión, ser malo, ser bueno, ser inteligente, ser rico, ser pobre, ser drogadicto, ser una prostituta, un gay o pobre intelectual, espiritual y económicamente es el resultado de una decisión consciente o inconsciente en la vida de todo ser humano. La vida es un mundo de decisiones.

El cambio entonces está en nuestra mente, está en nuestras manos, el cambio en evolución está en nuestro poder y debemos usarlo para nuestro bien, éxito y prosperidad. *Entiéndase que la prosperidad es una decisión no un resultado al azar. Prosperidad espiritual, moral y físico son decisiones. La dimensión, el poder y capacidad que tiene la decisión vale la pena conocerla y utilizarla nos hará diferentes y grandes en todo.*

Una correcta decisión en cualquier momento de la vida tiene el poder de cambiar tu vida, tu rumbo, tu condición *y tu destino.*

## Si tú no decides alguien o algo más lo hará

Hemos visto que todos tenemos la bendición de poder decidir pero si no lo hacemos no quiere decir que no viviremos por decisiones, lo haremos solo que serán de otros. "En la lucha cristiana se necesitan vida espiritual, valor, constancia y decisión. . . Sed fuertes en el Señor. El valor humano no es suficiente. El soldado cristiano debe ser fuerte en el Señor. Dios es totalmente suficiente. En la Omnipotencia de su fortaleza ceñimos la armadura. *Echen mano de todos los medios apropiados de defensa contra el enemigo de las almas. Perfeccionen el carácter. Resistan la tentación. Cultiven las virtudes cristianas.* ¡Sean fuertes, sí, sean fuertes!" (Alza tus Ojos pg. 127.)

Acéptese que el inicio de todo es la decisión y tiene una fuente de poder, un nuevo camino que lleva a lugares increíbles, como a lugares des creíbles. "El mundo entero se aparta cuando ve pasar a un hombre que sabe adónde va." (Antoine de Saint-Exupery.) *(1900-1944)(Escritor francés.)* Así de poderosa es esta ley que emana decisión.

El poder de esta bendición es que ella debe usarse constantemente en todo y ella nos llevará a comprender que debemos mantenernos bajo el poder de la determinación o alguien más lo hará a su manera como se vio en la cantante Gloria Trevi influenciada por su productor hizo males en la vida de otras jovencitas que le costó años en la cárcel y la verdad es que eso es lo que ocurre con nuestro mundo hoy. Somos al fin el resultado de decisiones nuestras o de otros. No hay escapatoria porque así está hecho nuestro universo bajo el poder de la decisión.

Todo es el resultado de una decisión ya sea del Creador en seres humanos inteligentes que saben elegir decidir por sí mismos como lo hizo Daniel el de la Biblia o la madre Teresa, o del destructor de seres humanos que por medio de otros seres humanos destruyen a otros humanos como se ve en la historia de Jezabel primera dama del reino de Israel matando a cientos de profetas porque no se sometían a sus ideales, hoy ocurre lo mismo con cosas expuestas en libros, ideales, la televisión, radio o comidas condimentadas con fines lucrativos y no nutricionales sin importar la salud mental, física o espiritual, libros, películas, escuela o la vida de otros egoístas, vanidosos y malos gobiernan el sentido de millones. Hay mil maneras de ser influenciados, las peores son las influencias de otros con fines equivocados y destructivos como lo fue Rusia bajo Stalin visto en el mundo comunista o el mundo joven de esta generación bajo el rock. Cosa que ya lo hicieron en muchas otras generaciones. Que desgracias y pérdida de recursos si nosotros mismos no lo vemos y hacemos, decidir, decidir por nosotros mismos.

Seamos el futuro, formemos el destino de nuestra vida hoy, de nuestro hogar, de nuestra iglesia, de nuestra sociedad.

## Responsabilidad

Aquí viene la razón porque muchos se quedan atrás en este material, *las decisiones envuelven responsabilidad* y eso es lo que ha hecho a muchos olvidarse de sus oportunidades en la vida. Esta es la razón porque mucha gente fracasa porque no entiende que las decisiones en la vida tienen su precio y ella es la gran responsabilidad de cuidarlas, de efectuarlas, de realizarlas y darles todo lo que necesitan para su éxito, de otra manera de todos modos hay una decisión pero no de él o ella sino el de otro lo que finalmente le influencia y le hace actuar.

Este tipo de responsabilidad es algo extraño en los hombres y mujeres de esta generación. Pocos son los que saben escoger y hoy es el día de hacerlo si no otros ya lo hicieron y otros no esperarán, lo harán por ti, lo ves en todo el comercio que nos rodea, crean una enfermedad, una necesidad u opinión que no existía, pero como no sabes decidir por nosotros mismo nos forman a su antojo.

El guatemalteco **Pastor Carlos Luna** nos demuestra con su vida que entiende el poder de la decisión y la responsabilidad que conlleva. Conocido familiarmente como Cash porque cuando era niño decía que se llamaba "Cash-los", recibió a Jesús como Señor y Salvador en 1982, siendo aún joven. Desde entonces decidió no ser un oyente sino alguien que aceptaba la responsabilidad de bendecir a la humanidad, comenzó a servirle apasionadamente, predicando en parques, calles y buses.

En esa misma época inició sus estudios bajo pobreza en la universidad privada Francisco Marroquín en la ciudad de Guatemala. Obtuvo, con **honores Cum Laude**, una Licenciatura en Administración de Sistemas de Información.

Durante su época de estudiante **contrajo matrimonio con Sonia**, quien le dio tres preciosos hijos: Carlos Enrique, Juan Diego y Ana Gabriela y además, lo ha apoyado fielmente en su ministerio. Su decisión inicial impuso mayor responsabilidad que gustosamente aceptó. Se dedicaba exitosamente a sus negocios personales cuando fue llamado por Dios para servirle a tiempo completo.

### Inició la Iglesia Casa de Dios

En 1994, el Señor los llamó a pastorear y de esa forma **nace Casa de Dios**, la congregación que hoy preside y que se conoce por la manifestación de la presencia del Señor. Siendo ésta aún muy pequeña comenzando en reunión de casas comunes hoy es una de las iglesias más grandes e influyentes de Latinoamérica. Su cobertura abarca múltiples servicios que se realizan en un auditórium propio construido con el esfuerzo de todos bajo la dirección del pastor Cash.

### Noches de Gloria

Ese mismo año inició unas reuniones nocturnas de unción abiertas al público en general. Se denominaron Noches de Gloria por la impresionante manifestación de la presencia y del poder del Espíritu Santo. Éstas se han desarrollado en cruzadas de sanidad y milagros que se llevan a cabo en muchos países hispanoamericanos. Simultáneo a las cruzadas nació el programa diario de televisión que transmite dichas reuniones y las prédicas de la iglesia mundialmente.

La responsabilidad aceptada de su decisión inicial de servir a Dios hace que los pastores Cash y Sonia sean reconocidos por su ministerio apostólico al Cuerpo de Cristo, el cual se manifiesta en el pastoreo de ministros, la renovación de cientos de iglesias locales y la bendición a cristianos en muchos países.

Su principal objetivo como ministro ha sido desarrollar discípulos dentro y fuera de la iglesia, a través de la Palabra de Dios y la unción del Espíritu Santo, provocando un fuerte crecimiento en el equipo de trabajo y en el ministerio. Los pastores Luna tienen como objetivo puesto por Dios, ver Su gloria manifestarse en el mundo entero a través de la unción y su visión es alcanzar las multitudes para Cristo.

En el momento que escribo sobre este gran líder lleno de decisión y responsabilidad construye un estadio para su iglesia la que será la más grande de Guatemala y porque decirlo de Centro América que será llamado ciudad de Dios para el cumplimiento de su misión y visión desde que decidió servir a Cristo.

Envolvámonos en este poder pues nos dará una vida nueva, un nuevo camino y la gran posibilidad de llegar a un horizonte que hasta ahora es nuevo pero que otros ya alcanzaron – la excelencia humana. "En el pasado, Dios ha librado a su pueblo, y Él será nuestro ayudador si nos levantamos en su fortaleza y avanzamos con decisión." (A Fin de Conocerle pg. 344.) Tomemos responsabilidad y paguemos el precio de las decisiones que valen la pena. Si quieres ser un común del pueblo sigue las decisiones de otros, si quieres bendecir a la humanidad rompe lo común y decídete a tomar responsabilidad y serás realizado en lo que te propongas.

## Es amigo como enemigo

Las decisiones siempre están bajo la ley de *'causa y efecto'*, independientemente de haberlo buscado o no, las decisiones tienen el poder de producir un resultado, un resultado buscado y uno no buscado lo que esta injertado en el vivir diario. "Nuestros actos, nuestras palabras, hasta nuestros más secretos motivos, **todo tiene su peso en la decisión** de nuestro destino para dicha o desdicha. Podremos olvidarlos, pero no por eso dejarán de testificar en nuestro favor o contra nosotros." (Conflicto de los Siglos pg. 540, 541.)

Lo más poderoso de esto es saber lo que uno quiere pues en acción la decisión correcta dará los resultados deseados y es en este sentido que lo tenemos como un amigo pero por lo contrario se vuelve un enemigo porque las decisiones están activas si no por nosotros otros lo harán por ti y he allí tu desgracia pues las tienes que vivir. Honestamente no recomiendo la decisión como enemigo destruye tu carácter, tu personalidad y dejas de tener una propia mente e inconscientemente te vuelves un robot de otros del cual no solo usan sino que se enriquecen con sus abusos.

Sin embargo el poder de la decisión cuando no tiene dirección puede describirse así: *"Mala cosa es tener un lobo cogido por las orejas, pues no sabes cómo soltarlo ni cómo continuar aguantándolo."* ( Publio Terencio Afer.) *(195 AC-159 AC)(Autor cómico latino.)* Si tienes un buen pensamiento surgirá una buena idea. Si logras una buena idea tendrás una posibilidad de utilizar la decisión y será irresistible, si no lo haces cuidado con ese lobo. La decisión puede utilizarse como amigo o enemigo, esa es la decisión más importante que tendrás que hacer.

El Futbolista Diego Armando Maradona nació en Lanús, Argentina en 1960. En 1977, Maradona se convirtió en el argentino más joven de la historia en jugar con la selección mayor en un partido internacional todo gracias a la decisión que tomó desde muy temprano que el triunfaría. Fue transferido al equipo Boca Juniors por un millón de libras cuando apenas era un adolescente, y en 1982 se convirtió en el jugador de fútbol más caro del mundo cuando se unió a las filas del Barcelona por 5 millones de libras. Volvió a romper este récord en 1984 cuando el club italiano Nápoles lo compró por 6-9 millones de libras. Fue el capitán de Argentina cuando la selección ganó el Mundial por segunda vez en 1986, tras haber eliminado a Inglaterra en los cuartos de finales, cuando Maradona metió un gol que causó una gran controversia.

Cuando estaba en la cima del éxito, su carrera se fue a pique por acusaciones de consumo de drogas, lo cual al final se demostró que esas habían sido sus decisiones. En 1994, tras un periodo de suspensión de 15 meses, Maradona regresó al mundial como capitán por petición del público, aunque no pertenecía a ningún club. Sin embargo, fue suspendido nuevamente del equipo después de que una prueba antidopaje salió positiva. Firmó con Santos en 1995 y anunció su retiro en 1997. En el año 2000, desarrolló un padecimiento cardiaco severo como resultado del consumo de cocaína, y posteriormente se mudó a Cuba para someterse a un tratamiento de dos años por abuso de drogas. En 2003, se reencontró con el hijo que antes había negado reconocer como propio. Su salud mejoró en 2005 cuando comenzó una nueva carrera como conductor de un programa de televisión. Muchos de los invitados en su programa eran del mundo del espectáculo y del fútbol, como Zidane y Ronaldo, pero también tenía entrevistas con personalidades como Fidel Castro y Mike Tyson.

A pesar de sus éxitos y fracasos por voluntad propia él ha demostrado que a pesar de todo este huracán en su vida ha podido aprender, aceptar y recuperarse de sus tantas caídas. Su historia es motivación para todo aquel que no sabe qué hacer después de tantas caídas. El poder del fracaso o éxito no radica en lo experimentado sino en el poder del individuo de poder decidir que quiere, que buscar, que hacer, que conquistar o donde sumergirse, ceder, tropezar, caer. Todo es una decisión y en la vida de este ser humano se ve claramente el misterio que rige a la humanidad la decisión para bien o para mal, es amigo o enemigo siempre será tu propia elección.

En la cadena del éxito debe no solo saberse que tenemos una fuente de poder personal, un arsenal de poder a nuestro favor que no cuesta ni un centavo – el poder de la decisión que cambia todo, es gratis. *Debemos saber también que para poderse activar la fuerza de voluntad debe primero entenderse el poder de la decisión, la decisión es el puente entre la idea y la acción, entre la acción y la fuerza de voluntad.*

"Todos los días *Dios nos da un momento en que es posible cambiar todo lo que nos hace infelices.* El instante mágico es el momento en que un sí o un no pueden cambiar toda nuestra existencia."(Paulo Coelho) (*.1947-?) (Escritor brasileño.)* Amigos no podemos escapar de ello. Todos tenemos estas grandes oportunidades de ir más arriba o nos desprenderemos de lo ya alcanzado.

"A veces, los diversos caminos y propósitos, los diferentes modos de actuar en relación con la obra de Dios, casi pesan con igual fuerza en la mente; y en este punto es cuando se necesita el discernimiento más sutil. Si algo se ha de lograr, debe hacerse en el momento oportuno. La menor inclinación de peso en la balanza debe ser vista y determinarse el asunto en seguida. Las largas demoras cansan a los ángeles. *Es más excusable tomar a veces una decisión errónea que estar de continuo en una posición vacilante, inclinados a ratos en una dirección, luego en otra. Ocasionan más perplejidad y abatimiento la vacilación y la duda que el obrar a veces con demasiada premura.*" (Obreros Evangélicos pg. 140.)

Gente madura llega a entender que las decisiones inteligentes se dan, se hacen, llegan a existir por lo que se sabe, por lo que se quiere, por lo que se sueña y no por las circunstancias o eventos a favor o en contra, así hacen de la decisión un amigo.

La decisión como enemigo es: "El hombre que pretende verlo todo con claridad antes de decidir nunca decide. (Henry F. Amiel.) *(1821-1881) (Escritor suizo.)* Este tipo de personas nunca llegan lejos, no se producen, no tienen metas y solo ven y murmuran al que está en la cima de sus deseos mientras ellos de todos modos viven las decisiones de otros.

**"Una poderosa llama sigue a una diminuta chispa." (Dante.)**

# El Poder De La Determinación 11

"Nosotros encontraremos un camino o haremos uno."
(Hannibal.)

**Entre acción y fin**

Esta habilidad es la que existe entre la acción y el fin de un pensamiento, una idea, un deseo, cualquier proyecto y objetivo es un íntimo amigo de la determinación. Ella es la que lo lleva a su consumo. Nadie que no tenga determinación desde el principio de algo propuesto puede terminarlo pues solo ella da frutos.

Ingeniero estadounidense, Robert Fulton fue quien inventó el barco de vapor. Esto le dio el logro de la fama y la bendición de la fortuna porque fue un éxito comercial. Todo inicio en su mente y sin muchas razones Fulton decidió inventar el barco de vapor. Lo hizo, pero al ir a bordo en el río se hundió y fue aquí donde se mostró el poder y la magia de la determinación.

En esta lucha Fulton no se rindió, salvó él solo sin necesidad de grúas o ayuda su barco de vapor, decidió retocar la pintura, fortalecer el armazón. Fulton decidió reintentar poder navegar su barco, en el cual esta vez fue un éxito. La determinación sabe bendecir a los que la buscan.

En esta vida todo es una cadena y el universo nos afecta y lo afectamos en su movimiento. Si falta una parte no hay poder, energía completa, la fuerza se desvía. *La fuerza de una decisión es la determinación de hacer lo que se quiere,* lo que se desea, se busca hasta hallarlo, la determinación se asegura de no regresar a casa hasta lograr lo que se ama en verdad pues ese es el camino de los que siempre triunfan.

"Sea elevado vuestro propósito en la vida, como lo hicieron José, Daniel y Moisés; y tomado en cuenta el costo de la edificación del carácter, y entonces edificad para el tiempo y la eternidad... Al hacer esta obra para vosotros mismos, estáis teniendo influencia sobre muchos otros... ¡Cuán buenas son las palabras habladas en sazón! ¡Cuánta fortaleza dará una palabra de esperanza, valor *y determinación!"* (A fin de Conocerle pg. 163.)

La determinación es el fuego que cuése el arroz.

### Sostiene el paso

"Como salvaguardia contra el mal, *la mente ocupada en cosas buenas es de mucho más valor* que un sinnúmero de barreras, de leyes y disciplina." (Mente Carácter y Personalidad tomo 1 pg. 69,70.)

Cuando se tiene visión, la misión tiene sentido. Entonces la visión es lograda en la misión por la determinación. Determinación es osadía natural que sostiene el paso en el camino hacia lo deseado. Lo planeado es realidad cuando uno quiere en verdad algo, entonces armados de determinación se camina firmemente.

No hay mejor fuente de apoyo en el sendero a la meta que la intrepidez, el lujo que se da la verdadera decisión. "Voluntad firme no es lo mismo que voluntad enérgica y mucho menos que voluntad impetuosa." (Jaime Balmes.) Es la determinación que embellece la decisión ya tomada.

"Todas nuestras diversas capacidades pertenecen a Dios. Nos ha comprado mediante el don de su Hijo unigénito, y los que tienen el sentido de su obligación hacia Dios colaborarán para cumplir el propósito Divino. Los que tienen responsabilidades en la obra de dar al mundo el mensaje del tercer ángel, *tienen que manifestar la firme determinación de lograr el progreso de la causa de Dios. El corazón, el alma y la voz tienen que consagrarse a Él para que puedan alcanzar el más alto grado de excelencia:* La semejanza al carácter de Dios. Cada facultad, cada atributo que el Señor nos ha dado debe ser empleado para elevar a nuestro prójimo." (Elena de White - Carta 50, del 3 de marzo de 1909, dirigida a un médico.)

Podemos pensar, idear, tener el conocimiento, el poder de la voluntad, y la grandeza de la decisión pero no llegaremos lejos, no lograremos mucho, no tendremos éxito a menos que apliquemos la ley del poder de la determinación. Esta verdad es familia de los grandes resultados. "Un pájaro que murió me dio un consejo: ten siempre en la mente el vuelo." (Forugh Farrojzad.) La determinación siempre te hace volar, caminar y siempre llegar, lo demás solo son pensamientos, deseos y palabras.

Por eso el dicho nos dice: entre el dicho y el hecho hay un grande t – r – e – c – h – o  y es muy cierto para los que tienen éxito - se llama determinación.

Julio César fue determinado, de imperturbabilidad, avispado y después de sus guerras peleadas con determinación podía decir, "Veni, Vedi, vici." En español "Vine, vi, vencí". Julio César. Quien por experiencia podía afirmar el proceso de sus victorias por fiel determinación sosteniendo el paso a su deseo.

Esta frase es una locución latina dicha por el general y cónsul romano Julio César en el año 47 dC. César usó la frase dirigiéndose al senado romano, describiendo su victoria reciente sobre Farnaces II del Ponto en la Batalla de Zela. El comentario breve - traducido "vine, vi, vencí" - a la vez proclamaba la totalidad de la victoria de César y sirvió para recordar al senado su destreza militar.

Los Julios Césares de hoy saben que no se puede lograr nada que valga la pena, que dé resultados sin el poder de la determinación voluntaria, provocada y firme.

## Es reserva para el momento difícil

Toda meta tiene sus retos, todo blanco sus obstáculos y todo deseo sus enemigos. Por lo tanto en realidad *la determinación existe cuando todos ellos aparecen*. Por eso es que la determinación en todo humano, en toda lucha, en todo lo deseado es una reserva para el momento difícil. El hombre lleno de determinación nunca se da por vencido y no acepta ni fracaso, ni la oposición.

La determinación juega el papel importante entre la decisión y el éxito. En otras palabras podremos tener mucha voluntad, podremos haber decidido lograr algo pero si en los momentos difíciles, en los momentos que escasean los fondos, en esos momentos de desánimo donde no avanzamos por fe, por esfuerzo, cuando abundan los enemigos y las críticas, si no seguimos por convicción la determinación no existe, es en todas las experiencias que la determinación nos recuerda la meta, la razón del porque entramos a la carrera, ella se encarga nuevamente de infundir el aliento a esa fe vacilante, esa convicción que ha tropezado.

Cuando ella existe lo que deseamos, queremos o pensamos tiene vida y de seguro gozaremos de resultados felices. "A medida que el pueblo de Dios manifieste su determinación a seguir la luz que el Señor le ha concedido, el enemigo desplegará todo su poder para desanimarlo. Pero no debe ceder por causa de las dificultades que surjan al tratar de seguir el consejo de Dios. El Señor nos ha dado una obra que hacer, y si llenamos sus requisitos, nos va a bendecir. . ." (Cada Día con Dios pg. 309.)

Fue condenado injustamente de asesinato en los Ángeles California en 1996 y estuvo en la cárcel encerrado por diez años. Su abogado originalmente hizo un trabajo mediocre al representarlo. Desde el inicio el reclamó su inocencia. Pocos le creyeron, entre ellos su familia, una persona de iglesia llamada Janet Harris ella logró convencer a una firma de abogados de prestigio Latham and Watkins a que analizaran su caso y pelearan su libertad.

Tuvieron años de lucha contra el Estado sobre este caso. Sin embargo el primero que estableció su inocencia en su mente fue Mario Rocha, en una entrevista dentro de la cárcel dijo: soy inocente y si no me dan mi libertad legal, "yo ya la tengo, soy libre". Sufrió negación a la revisión de su caso en el primer intento, no se dio por vencido. Lo apuñalaron dentro la cárcel dos veces. El poder de la determinación en su mente, en su familia y la firma de abogados siguieron en un segundo intento y milagrosamente lograron su libertad condicional en el 2006.

Aun afuera seguía la lucha legal del fiscal para demostrar su culpabilidad y defender claramente su inocencia por la firma de abogados. No fue sino hasta el 2008 que se retiraron los cargos por no tener los testigos originales disponibles y falta de evidencia para culparlo y sentenciarlo nuevamente. La determinación es la mejor reserva en cada individuo que desea triunfar en los momentos más difíciles en la vida.

¿Qué hubiera pasado si él nunca hubiera luchado y determinado en su corazón que era inocente? La determinación tiene poder. Cuando vives la determinación aún tus enemigos tiemblan, te llegan a respetar cuando te ven pasar. Por eso entiéndase que: "Cuando la situación es adversa y la esperanza poca, las determinaciones drásticas son las más seguras." ( Tito Livio.) *(59 AC-64 AC)(Historiador romano.)*

**Su meta es *solo su* meta**

Lo bello de la determinación es que no tiene vista para otra cosa que la meta misma, es como un joven enamorado, toda su atención está en ella. No se cansa. No se aburre, no murmura. Tiene un positivismo inquebrantable y solo lo logra en la verdad de la determinación pura.

Hay determinación espuria *es como todo, solo empieza* pero nunca llega a su fin. Se emociona y eso es todo. Escribe proyectos y quedan después de algunos días en el olvido. Empieza sus sueños y cuando aparecen obstáculos, problemas o reveses solo saben murmurar, ceder y vuelven a su condición original. Esta determinación espuria les grita a todos lo que va hacer y eso es todo lo que logra, gritar pero no llega a ningún lugar.

La verdadera determinación no juega, sabe lo que quiere y se pone un determinado tiempo para lograrlo.

Nehemías es un personaje Bíblico y es un gran ejemplo de determinación viva. Cuando todo estaba en los suelos, él y sus colaboradores reconstruyeron Jerusalén en tiempos difíciles. "Nehemías era un reformador, un gran hombre suscitado para una ocasión importante. Cuando entró en contacto con el mal y toda clase de oposición, surgieron un nuevo ánimo y un celo renovado. *Su energía y determinación inspiraron al pueblo de Jerusalén; la fuerza y el valor tomaron el lugar de la debilidad y del desaliento.* Su santo propósito, su elevada esperanza, su jovial consagración al trabajo, eran contagiosos. El pueblo se contagió del entusiasmo de su dirigente: en su esfera, cada hombre se convirtió en un Nehemías y ayudó a fortalecer la mano y el corazón de su vecino." (Conflicto y Valor pg. 264.)

La determinación es la alimentación, es el agua, es la vida, es el aire, es la nutrición de cada pensamiento e idea constantemente en camino a su meta. Entender esto nos hará vivir fuera de la opinión común, fuera de los conceptos generales y siempre en lo que queremos, esto te hace especial y único en tu especie lo creas o no hay muy pocos con metas alcanzadas porque pocos tienen determinación pura.

"La iglesia cuyos miembros se esfuercen activamente en forma personal por hacer bien a otros y por salvar a las almas, será saludable y próspera. Este será un constante incentivo para toda buena obra. Tales cristianos trabajarán para asegurar su propia salvación. *Las energías adormecidas despertarán, toda el alma será inspirada por una invencible determinación de lograr la aprobación del Salvador: "Bien hecho", y llevar la corona de la victoria."* (Dios Nos Cuida pg. 114.)

Estaremos siempre por encima de la crisis, problemas y sobre todo obstáculos. Ella sabe lo que quiere, sabe a dónde va, ella sabe los resultados a cada paso y sabe que siempre allá una semilla de no, es en vano a sus oídos, no tiene terreno en su corazón para un no. Espera, lucha, se esfuerza y crece junta a cada meta, proyecto y visión hasta verla realizada. La única palabra que reconoce es un "si". La determinación tiene el poder de florecer en la crisis, ya se dijo: "La virtud resplandece en las desgracias."(Aristóteles.) Y si él *no* insiste, él o ella lo convierten *en sí*.

Todo sirve para bien en el mundo del Creador. "Dios reprocha a los hombres porque los ama. Quiere que sean fuertes en la fortaleza Divina, que tengan mentes bien equilibradas y caracteres simétricos." (Mente Carácter y Personalidad tomo 1 pg. 58.) Una persona bien equilibrada con carácter simétrico tiene el poder de la determinación en su sangre y nada de lo que le pase, ocurra o viene contra él es en vano, él sabe que todo tiene un propósito en la vida.

Ramy Gafni en los 90 era muy famoso como maquillista teniendo como clientela a personas como Ivanka Trump, Reredith Vieira, Halle Berry. Pero en todo progreso hay pruebas en la vida. Fue diagnosticado con cáncer y mientras estaba en sus momentos más tristes y difíciles la empresa donde trabajaba lo despidió.

Entró en una lucha contra el cáncer y después de lograr victoria sobre su cáncer él comenzó su propia línea de cosméticos llamada Ramy Cosmetics desde su apartamento. Hoy después de tener cáncer, ser despedido de su trabajo y quedarse en la calle su compañía hace alrededor de 11 millones de dólares al año. Y sabes los que le despidieron y lo abandonaron en su crisis, fracasaron y cerraron el negocio del que lo despidieron. La determinación no son palabras son hechos y tiene victoria en los momentos más difíciles.

**Se esfuerza**

La determinación tiene una meta y no tiene descanso hasta alcanzarlo. Siempre vive en paz pero persistente. Se esfuerza al máximo, sabe que no hay resultados en nada si no se entrega completamente al valor de su misión. La determinación tiene una característica y es que siempre se esfuerza, camina la milla extra, busca la última llave que abre la puerta, sabe evaluar y seguir.

Los resultados de los que se esfuerzan son visibles. En el contexto del esfuerzo podemos aprenderlo en la vida un niño que pierde a su madre a muy temprana edad. Quien si es o no hijo de quien hasta hoy ha dicho es su padre. A pesar de todas estas vueltas ha demostrado que siempre supo lo que quiso, y obtuvo lo que quiso, y tiene lo que quiere. Su nombre es Luis Miguel Gallego Basteri con tan sólo 10 años ya aparece en televisión, junto a quien dijo era su padre, cantando su primera canción y demostrando la calidad de sus cuerdas vocales.

A los 12 años graba su primer disco, que por cierto, es Disco de Oro. Y a los 15, gana un Grammy en Estados Unidos. Empezamos bien. En 1989 el fenómeno Luis Miguel se dispara. De su álbum "Un hombre busca una mujer" se llegan a extraer hasta siete singles que acaban llegando al número uno de las listas latinas. Ante tal hazaña, hasta el Presidente de México le hace entrega de La Antena de Cristal en reconocimiento a su trayectoria artística.

A comienzos de los 90 graba "Romance" y consigue ser el primer artista latino que recibe un Disco de Oro en Estados Unidos. Su fama se propaga por todo el mundo y consigue un Disco de Oro hasta en Taiwán. En 1994 graba un dueto junto a Frank Sinatra y dos años después consigue una estrella en el famoso Paseo de la Fama de Hollywood. El que se esfuerza tiene logros.

Especializado en los boleros, Luis Miguel ha sido el autor, compositor, arreglista y productor de muchas de sus canciones, aunque también ha sabido rodearse de buenos colaboradores, como los compositores Armando Manzanero y Juan Carlos Calderón. No hablamos aquí si te gusta o no su música, si es buena o mala. Es la verdad del éxito que tiene una persona que se esfuerza y es determinado cuando quiere algo, eso es lo que señalamos. El esfuerzo tiene su paga siempre pues es la ley de la determinación.

Escrito está que: **"Cada persona puede ser exactamente lo que haya escogido. El carácter no se obtiene recibiendo determinada educación. No se obtiene amasando riqueza o ganando honores mundanos. No se obtiene haciendo que otros peleen la batalla de la vida por nosotros. Debe buscárselo, debe trabajarse en procura de él, hay que pelear por él; y requiere un propósito, una voluntad, una determinación. Formar un carácter que Dios pueda aprobar requerirá un esfuerzo perseverante."** – (Dios Nos Cuida pg. 164.)

La determinación *tiene una determinación* y es ser realidad. En todo, todo, todo se quiere una fiel determinación a lograr ese algo tan deseado. Esto es aplicable en todo lo que se busca, quiere y desea. Ya sea espiritual, físico o prosperidad económica. El desarrollo de cualquier carácter y personalidad no llegan gratis.

El verdadero carácter que buscamos es más que lo que pensamos. "Entre las personas que profesan la verdad presente no hay un espíritu misionero que corresponda con nuestra fe. Falta el temple del oro puro en el carácter. *La vida cristiana es más de lo que ellos piensan. No consiste meramente en bondad, paciencia, mansedumbre y cortesía. Estas gracias son esenciales; pero se necesitan también valor, determinación, energía y perseverancia.* Muchos de los que se ocupan en la obra del colportaje son débiles, pusilánimes, sin espíritu, fáciles de desalentar. Les falta empuje. No tienen los rasgos positivos de carácter que dan a los hombres la capacidad de hacer algo: el espíritu y la energía que avivan el entusiasmo. Él Col Portor se halla ocupado en una labor honorable, y no debe actuar como si se avergonzara de ella. Si quiere que el éxito corone sus esfuerzos, debe tener valor y esperanza." (Él Col Portor Evangélico pg. 90.)

La determinación verdadera le da honor a lo que buscas. Solo tú sabes que tiene valor y vale la pena luchar, pelear por ello. Tu esfuerzo determina tu determinación, tu determinación el valor de tu pensamiento, deseo y plan.

## Goza el triunfo

El que no goza del triunfo no sabe que es determinación. Nunca tuvo el deseo suficiente para pagar el precio de las pruebas y obstáculos. "El cielo resultará muy barato aún si lo obtenemos por medio del sufrimiento. Debemos negarnos a nosotros mismos a lo largo del camino... y mantener siempre en vista su gloria. La obra de salvación no es juego de niños, para tomarla cuando se quiere y abandonarla cuando nos plazca. *Lo que ganará la victoria finalmente, será la firme determinación, el esfuerzo incansable. Es el que persevera hasta el fin el que será salvo. Son aquellos que pacientemente continúan haciendo el bien quienes tendrán la vida eterna y la recompensa inmortal."* (Dios Nos Cuida pg. 98.)

Confucio lo dijo bien dicho: "Quizás otros acierten de entrada; lo que es yo, no acierto sino después de diez tentativas. Quizás otros acierten después de diez tentativas; yo, después de mil." Eso se llama determinación. La determinación es la ley que rige la vida de todo hombre y mujer exitosa. Este tipo de persona es una persona que piensa constantemente, forma ideas y las somete al horno de la acción. Sabe y usa su voluntad pero sabe que si no enciende la ley del poder de la determinación no llegará más que a pensar, idear y desear como muchos, muchos viven hoy solo pensando o soñando.

Quien vivió el gozo del triunfo fue Winston Churchill, nació el 30 de Noviembre de 1874 en el palacio de Blenheim, por aquel entonces propiedad de su abuelo, séptimo duque de Marlborough. Su padre era Lord Randolph Churchill y su madre una joven norteamericana de deslumbrante belleza llamada Jennie Jerome. No hay duda de que en sus primeros años conoció la felicidad, pues en su autobiografía evoca con ternura los días pasados bajo la sombra protectora de su madre, que además de hermosa era culta, inteligente y sensible.

Quizás por ello, al ser internado por su padre en un costoso colegio de Ascot, el niño reaccionó con rebeldía; estar lejos del hogar le resultaba insoportable, y Winston expresó su protesta oponiéndose a todo lo que fuese estudiar. Frecuentemente fue castigado y sus notas se contaron siempre entre las peores. Cuando en 1888 ingresó en la famosa escuela de Harrow, el futuro primer ministro fue incluido en la clase de los alumnos más retrasados. Uno de sus maestros diría de él: "No era un muchacho fácil de manejar. Cierto que su inteligencia era brillante, pero sólo estudiaba cuando quería y con los profesores que merecían su aprobación." Churchill fracasó dos veces consecutivas en los exámenes de ingreso en la Academia Militar de Sandhurst. Sin embargo, una vez entró en la institución se operó en él un cambio radical. Su proverbial testarudez, su resolución y su espíritu indomable no lo abandonaron, pero la costumbre de disentir caprichosamente de todo comenzó a desaparecer. Trabajaba con empeño, era aplicado y serio en las clases y muy pronto se destacó entre los alumnos de su nivel.

Poco después se incorporó al Cuarto de Húsares, regimiento de caballería reputado como uno de los mejores del ejército. Combatió en Cuba, la India y el Sudán, y en los campos de batalla aprendió sobre el arte de la guerra todo cuanto no había encontrado en los libros, especialmente cuestiones prácticas de estrategia que más tarde le servirían para hacer frente a los enemigos de Inglaterra. No obstante, la vida militar no tardó en cansarlo. Renunció a ella para dedicarse a la política y se afilió al Partido Conservador en 1898, presentándose a las elecciones un año después. Al no obtener el acta de diputado por escaso margen, Churchill se trasladó a África del Sur como corresponsal del *Morning Post* en la guerra de los bóers.

Allí fue hecho prisionero y trasladado a Pretoria, pero consiguió escapar y regresó a Londres convertido en un héroe popular: por primera vez, su nombre saltó a las portadas de los periódicos, pues había recorrido en su huida más de cuatrocientos kilómetros, afrontando un sinfín de peligros con extraordinaria sangre fría. No es de extrañar, pues, que consiguiese un escaño en las elecciones celebradas con el cambio de siglo y que, recién cumplidos los veintiséis años, pudiese iniciar una fulgurante carrera política. En el Parlamento, sus discursos y su buen humor pronto se hicieron famosos. Pero su espíritu independiente, reacio a someterse a disciplinas partidarias, le granjeó importantes enemigos en la Cámara, incluso entre sus propios correligionarios. Así pues, no es de extrañar que cambiara varias veces de partido y que sus intervenciones, a la vez esperadas y temidas por todos, suscitaran siempre tremendas polémicas.

Tras ser designado subsecretario de Colonias y ministro de Comercio en un gobierno liberal, Churchill previó con extraordinaria exactitud los acontecimientos que desencadenaron la Primera Guerra Mundial y el curso que siguió la contienda en su primera etapa. Sus profecías, consideradas disparatadas por los militares, se convirtieron en realidad y sorprendieron a todos por la clarividencia con que habían sido formuladas.

Churchill fue nombrado Lord del Almirantazgo y se embarcó inmediatamente en una profunda reorganización del ejército de su país. Primero se propuso hacer de la armada británica la primera del mundo, cambiando el carbón por petróleo como combustible de la flota y ordenando la instalación en todas las unidades de cañones de gran calibre. Luego puso en marcha la creación de un arma aérea y, por último, decidido a contrarrestar el temible poderío alemán, impulsó la construcción de los primeros "acorazados terrestres", consiguiendo que el tanque empezase ser considerado imprescindible como instrumento bélico. Finalizada la contienda, Churchill sufrió las consecuencias de la reacción de la posguerra y durante un tiempo fue relegado a un papel secundario dentro de la escena política. En 1924 se reconcilió con los conservadores y un año después fue puesto al frente del ministerio de Hacienda en el gobierno de Stanley Baldwin.

Era una época de decadencia económica, inquietud, descontento laboral y aparatosas huelgas, y el conservadurismo obstinado de que hacía gala no contentó ni siquiera a sus propios colegas. En una palabra, todo el mundo estaba cansado de él y su popularidad descendió a cotas inimaginables años antes. Entre 1929 y 1939, Churchill se apartó voluntariamente de la política y se dedicó principalmente a escribir y a cultivar su afición por la pintura bajo el seudónimo de Charles Morin. "Si este hombre fuese pintor de oficio dijo en una ocasión Picasso, podría ganarse muy bien la vida."

Churchill siguió perteneciendo al Parlamento, pero durante esos años careció prácticamente de influencia. Las cosas cambiaron cuando, al observar la creciente amenaza que Hitler constituía, proclamó la necesidad urgente de que Inglaterra se rearmase y emprendió una lucha solitaria contra el fascismo emergente. En reiteradas ocasiones, tanto en la Cámara como en sus artículos periodísticos, denunció vigorosamente el peligro nazi ante una nación que, una vez más, parecía aquejada de una ceguera que podía acabar en tragedia. Tras la firma en 1938 del Acuerdo de

Munich, en el que Gran Bretaña y Francia cedieron ante el poderío alemán, la gente se dio cuenta nuevamente de que Churchill había tenido razón desde el principio. Hubo una docena de ocasiones en las que hubiera sido posible detener a Hitler sin derramamiento de sangre, según afirmarían después los expertos. En cada una de ellas, Churchill abogó ardorosamente por la acción.

El 1 de Septiembre de 1939, el ejército nazi entró con centelleante precisión en Polonia; dos días después, Francia e Inglaterra declararon la guerra a Alemania y, por la noche, Churchill fue llamado a desempeñar su antiguo cargo en el Almirantazgo. Todas las unidades de la flota recibieron por radio el mismo mensaje: "Winston ha vuelto con nosotros."

Los mismos diputados que una semana antes lo combatían con saña, lo aclamaron puestos en pie cuando hizo su entrada en el Parlamento. Pero aquella era una hora amarga para la historia del Reino. La nación estaba mal preparada para la guerra, tanto material como psicológicamente. Por eso, cuando fue nombrado primer ministro el 10 de Mayo de 1940, Churchill pronunció una conmovedora arenga en la que afirmó no poder ofrecer más que "sangre, sudor y lágrimas" a sus conciudadanos. A pesar de la enorme popularidad alcanzada durante la guerra, dos meses después el voto de los ingleses lo depuso de su cargo. Churchill continuó en el Parlamento y se erigió en jefe de la oposición. En un discurso pronunciado en Marzo de 1946 popularizó el término "telón de acero" y algunos meses después hizo un llamamiento para impulsar la creación de los Estados Unidos de Europa.

Tras el triunfo de los conservadores en 1951 volvió a ser primer ministro, y dos años después fue galardonado con el Premio Nobel de Literatura por sus *Memorias sobre la Segunda Guerra Mundial*. Alegando razones de edad, presentó la dimisión en Abril de 1955, después de ser nombrado Caballero de la Jarretera por la reina Isabel II y de rechazar un título nobiliario a fin de permanecer como diputado en la Cámara de los Comunes.

Reelegido en 1959, ya no se presentó a las elecciones de 1964. No obstante, su figura siguió pesando sobre la vida política y sus consejos continuaron orientando a quienes rigieron después de él los destinos del Reino Unido. El pueblo había visto en Churchill la personificación de lo más noble de su historia y de las más hermosas cualidades de su raza, por eso no cesó de aclamarlo como su héroe hasta su muerte, acaecida el 24 de Enero de 1965.

Lo que debe todo humano saber es que el fin de la determinación bien puede ser una mente ordinaria y terca, poca prometedora a la vista de los demás pero dicho está que, "Una mente ordinaria, bien adiestrada, realizará una obra mayor y más elevada que la mente más educada y los mayores talentos, sin el autocontrol." (Mente Carácter y Personalidad tomo 1 pg. 105.) La determinación es el poder entre el poder del pensamiento y la realidad y lo más lindo es que es gratis, está en nosotros.

Por eso grabemos en nuestra mente que, **"Nada grande será jamás logrado sin grandes hombres, y el hombre es grande solo si es determinado a serlo." (Charles De Gaulle.)**

# El Poder De La Elección 12

**"No se dé ninguna otra cosa que anima como el hecho de la incuestionable habilidad del hombre de elevar su vida por una consciente meta." (Henry David Thoreau.)**

El poder de la elección es la manifestación más sublime del cielo en todas las capacidades que el hombre tiene. El hombre no es un robot, no es la estampa de otro humano. La humanidad tiene en si la fuente de su destino. Su destino es su pensamiento, es su deseo manifestado en lo que elija por voluntad propia y ninguna interferencia tiene el poder de desviarlo o guiarlo más que el poder de su propia y única elección. Lo sepa o no, lo acepte o no, le guste o no esa es la verdad.

La siguiente cita me ha impactado tanto que todavía la sigo analizando. "Cada ser humano, creado a la imagen de Dios, *está dotado de una facultad semejante a la del Creador*: la individualidad, la facultad de pensar y hacer. Los hombres en quienes se desarrolla esta facultad son los que llevan responsabilidades, los que dirigen empresas, los que influyen sobre el carácter." (La Educación pg. 17.) ¿Tener una facultad semejante a mi Creador? ¡Wow!

El Creador que yo conozco nos ha hecho únicos, especiales y libres. Sépase, entiéndase y acéptese que, "Dios nos ha dado la facultad de elección; a nosotros nos toca ejercitarla." (La Temperancia pg. 100.) Todo ser humano está capacitado con todo el poder que le forma o transforma la vida.

Libertad más grande que el mismo cielo dio al hombre es el poder de la elección. La elección es un poder que el hombre tiene y llega a existir o florece como una capacidad que el hombre puede tener y debe tener para ver resultados, pero ella no nace, se desarrolla. Como siempre la verdad es que solo los pocos la conocen y utilizan.

En este mundo de posibilidades y oportunidades es inherente al poder de la mente, voluntad y decisión. La elección es un poder que Dios ha puesto en nosotros para escoger por nosotros mismos el camino, la verdad o para poder poner en acción la decisión tomada. Consciente o inconscientemente ella siempre está en acción, porque si no elegimos nosotros otros lo harán. ***No hay excusa somos lo que elegimos en algún momento, pues no elegir es elegir de todos modos.***

Tiene un poder maravilloso como desastroso pues sus consecuencias se ven tarde que temprano en la vida, en el carácter, en los resultados de nuestra educación, consecuencias en el hogar, el matrimonio y consecuentemente en el pasado elegimos lo que uno es en el presente, el hoy dice todo lo que elegimos ayer – es la libertad siempre activa, es el poder que regirá nuestro mañana.

Lo más poderoso es que no te mata ni condena a una dictadura inquebrantable sino que si no te gusta tu manera de ser hoy te da la oportunidad de elegir, cambiar y de igual manera sus resultados se dejarán ver mañana. Pero si no lo hacemos algo más intervendrá esa es la ley que le rige.

## Es un tesoro

Esta capacidad que es aprendida *y obtenida es un tesoro en todo hombre* que pocos son los que lo saben pero allí está. Es un tesoro porque ella tiene el poder de darnos oportunidades que habíamos solo pensado o buscado, ella nos da visión, ella nos ayuda a empezar otro sendero con mejores resultados, ella es una de las sublimes riquezas que ha transformado y hecho a grandes hombres y mujeres en el mundo pasado, actual y seguirán produciendo en el futuro.

Elena de White hablando del poder que tiene el saber elegir comentó: "Todo estudiante necesita comprender la relación que existe entre la vida sencilla y el pensamiento elevado. A nosotros nos toca decidir individualmente si nuestras vidas han de ser regidas por la mente o por el cuerpo. Cada joven por sí mismo debe hacer la decisión que amoldará su vida, y no se deberían ahorrar energías para hacerle comprender las fuerzas con las cuales tendrá que contender y las influencias que modelan el carácter y determinan el destino." (Mente Carácter y Personalidad tomo 1 pg. 77,78.)

No está lejos, está en nosotros mismos este gran poder. Todos los bienes y males que vemos son el resultado de nuestra elección. "Tú verás que los males de los hombres son fruto de su elección; y que la fuente del bien la buscan lejos, cuando la llevan dentro de su corazón." (Pitágoras de Samos.) Después de Dios todo comienza, radica y termina en nosotros mismo.

Es un tesoro que no cuesta nada en dinero su única petición es que se busque, encuentre y utilice. Es un recurso natural en todo hombre. Que perdida será el que pasemos esta vida y no seamos el resultado de nuestras propias elecciones. Es un tesoro que está disponible para ti de manera gratis.

Michael Saul Dell nos demuestra que el saber elegir tiene poder. El nació el 23 de Febrero de 1965 en Houston, Texas, es un hombre de negocios de Estados Unidos. Estudió en la universidad de Texas en Austin para ser Médico. Tuvo su primer contacto con las computadoras a los 15 años. Mientras estaba en la universidad, comenzó una empresa de computadoras llamada *PCs Limited* en su dormitorio.

En 1987 el nombre de la empresa cambió a Dell Computer Corporation. Actualmente es la figura principal de Dell Computer una de las dos más grandes empresas fabricantes de computadores en el mundo, junto a HP.

Su fortuna personal está calculada, según la Revista Forbes, en US$ 17.3 billones millones (año 2008). Ocupa el puesto número 11 entre las mayores fortunas personales del mundo. Cuando tenía 19 años, pensó que sería fácil mejorar la calidad de las computadoras. Comenzó comprando material sobrante de inventario de los vendedores de material informático, y lo utilizaba para mejorar las máquinas que luego vendía. Cuando cumplió 21 años, su compañía, facturaba US$60 millones. ( www.wikipedia.org)

Para quienes no lo conocen, sólo basta decir su apellido para establecer la relación con quién es realmente. Michael Dell, el hombre que le dio vida a Dell Computer, y quien aún sigue siendo la cabeza de la compañía, no sólo creó un imperio tecnológico sino que también marcó un nuevo paradigma en la manera de hacer negocios.

Sus inicios, al igual que muchos otros hombres que dejaron sus huellas - y que aún la están dejando - en el mundo de la tecnología, fueron en el dormitorio de una universidad y con sólo mil dólares en el bolsillo. Además de la computadora y las ideas revolucionarias que estaban en su mente supo elegir un producto para ayudar a la sociedad, tiempo apropiado y mercado. O más que ideas revolucionarias, podríamos decir que es el modo de ver la situación real de cada momento - desde sus inicios hasta la actualidad -, y pensar en la forma de encaminarlas para mejorarla, adaptándose siempre a los cambios reales del mercado.

Cuando a los 20 años, allá por 1983, llegó a la Universidad de Texas, comenzó a armar computadoras según las necesidades de los consumidores, y fueron sus mismos compañeros los primeros usuarios de sus productos. Su visión era que la distribución tradicional para vender máquinas, era ineficiente y cara así que optó por mejorarla tanto cuantitativa como cualitativamente eliminando los canales de distribución.

Con respecto a sus comienzos, el mismo Dell comentó unos años atrás, que "En realidad, la idea se me ocurrió antes aún de ir a la universidad. Después de que tuve mi primera computadora, cuando estaba en el colegio secundario, la desarmé para ver cómo funcionaba. También leía todas las revistas de computación y aprendí sobre sus componentes. En esa época los sistemas eran mucho menos complicados. Enseguida me di cuenta que el precio total de todos los componentes que formaban el sistema era muy inferior al precio de venta al público. El canal de distribución agregaba un montón de costo innecesario sin crear ningún valor para el cliente."

La base de su proyecto fue la relación directa con el cliente, por lo que se focalizó en ensamblar ordenadores bajo pedido, sin intermediarios. Conceptos como venta directa, construcción just-in-time y multiplataforma están en su oración diaria. Esto le valió a ser hoy el número uno en el ámbito empresarial y uno de los primeros en el ámbito domésticos, dejando por detrás a otros gigantes como IBM y Apple. Los negocios que realizó cuando aún era estudiante universitario con su primera compañía, SIC, mediante la que fabricaba PC´s limitadas, en sólo dos años crecieron a 6 millones de dólares. Para 1985 creó la primera computadora de diseño propio, la PC Turbo y unos años después, comienzan las operaciones con el exterior, en primer lugar con Inglaterra. En 1988, la compañía cambió su nombre y así nacía Dell Computer Corporation la que, en sólo dos años, logró sobrepasar los 500 millones de dólares en ventas y en diez años, es decir para el 2000, sus ventas por Internet llegaron a los 50 millones de dólares diarios.

Por supuesto que consolidarse en el mundo de los negocios le llevó su tiempo, y debió enfrentar cuestiones muy difíciles, con años en los que las ganancias y las acciones llegaron a bajar hasta un 50%. Pero es parte del negocio y el tema está en cómo enfrentarlo. Como se dijo por ahí." Michael Dell no piensa diferente. Sencillamente, piensa." Y la verdad, que para alguien que se inició con mil dólares en el bolsillo, y hoy a los 40 posee uno de los mayores imperios tecnológicos y una fortuna personal que para el año pasado era de 15.500 millones de dólares, no cabe ninguna duda de que en verdad si hay algo que hace, es pensar. - Fuente: (*www.mastermagazine.info*)

**El poder de la elección es un tesoro que está a la disposición de todos lo que quieran, pero por ser gratis solo pocos le dan la bienvenida. Despertemos ese poder a nuestro favor y logre usar nuestra vida, dones, talentos y capacidades para el bien de esta humanidad. Usemos este tesoro, gratis.**

### Es la diferencia que hace a un triunfador y observador

Esta habilidad es la que hace la gran diferencia entre triunfador y observador, *ella determina el éxito* de los que reconocen su existencia. Ella es la diferencia, es la que interrumpe porque así lo eligió el dueño en cualquier pensamiento, cosa o evento. Tu éxito o fracaso en todo, repito en todo depende de ella elegida por ti mismo. "Es necesario correr riesgos, seguir ciertos caminos y abandonar otros. Nadie es capaz de elegir sin miedo." (Paulo Coelho.) Dejemos esos paradigmas que nos tienen amarrados y seamos libres con lo que nosotros ambicionemos.

En esta milla de la vida el hombre logra demostrar la destreza de su sabiduría no solo en elegir lo que quiere, lo que desea, lo que piensa del futuro, sino su eternidad. Son millones los que no saben que existe este poder a su favor. Esta es la razón porque muchos son el cerebro de otros. Esta es la razón porque muchos son solo humanos errantes, sin metas, sin destinos, no tienen poder para producir resultados con valor, principios y amor porque nunca lo eligieron. "Cada elección que haces tiene un resultado final" (Zig Ziglar.) Y qué mejor que sea el saber elegir por uno mismo.

Aquí también fracasa indiscutiblemente el observador, el que solo ve, solo piensa, solo sueña y luego sigue observando y como resultado no llega a nada o es el resultado de lo que los demás piensan o desean. Tener conocimiento, pensar, tener deseos o ideas de nada sirve si no vamos a elegir o decidir actuar. Esto solo nos vuelve observadores y lo peor es que fracasados, pues mejor ser completamente ignorantes que llenos de conocimiento no utilizado que equivale a ignorancia realizada. Que desgracia.

El poder de la elección es notable en la vida de un mexicano, cuenta que su amor por los libros fue elegido desde que era un niño. Supo que quería ser escritor desde que tenía 10 años de edad y publicó su primer cuento a la edad de 14 años en una revista llamada Al Sur del Sur.

Esa elección, hambre de expresar y ayudar lo ha llevado a ser un escritor de éxito. Sus libros incluyen, *Espejo de Obsidiana*, colección de cuentos cortos, 1981. *El Unicornio Azul* novela, ficción, 1985. *Proyecto México*, ensayo político, 1995. *Blood Relatives*, Inglés, ficción, 1997. *Twisted Gods*, Inglés, ficción 1999.

Lo que más quiero resaltar es que esa elección que hizo en su vida de niño al querer ser un escritor, lo cual lo ha cumplido, le surgió una nueva idea que ha facilitado enormemente la publicación de libros de cualquier persona, tenga mucho o poco dinero, tenga fama o nada.

*'Publicación de libros bajo demanda'*. Un concepto que es totalmente nuevo en el mundo de la impresión. El concepto acostumbrado es imprimir miles, impresión masiva, ser alguien casi conocido, importante o que cuentes con fondos para cubrir los primeros gastos, lo cual es mucho dinero en la impresión convencional. Victor Celorio dijo; ¡No debe seguir así, haré algo nuevo! Eligió inventar algo nuevo y de uso común para la gente común pero con deseos de éxito. Es el inventor de una imprenta

que publica un solo libro en 17 segundos, escogiendo en ese momento el tipo o diseño de tu portada y ya, ¡libro hecho! Se publica como sea la demanda de la clientela y no publicar por publicar. Publicación por demanda está revolucionando el mercado de impresión. Victor Celorio eligió ser diferente, eligió ser escritor, eligió ser inventor, eligió ayudar a la humanidad. ¿Qué has elegido hacer con tu única vida? ¿Vives la elección propia o la de otros?

En verdad el hombre tiene en su mano el poder de hacer la diferencia, de iniciar una nueva vida, el poder del cambio – todo está en el poder de la elección. "No hay mejor medida de lo que una persona es que lo que hace cuando tiene completa libertad de elegir." (William Bulger.) Todos tenemos completa libertad y capacidad de elegir. Elijamos ser alguien que bendiga al mundo, el medio son nuestras capacidades, talentos, conocimiento, experiencia y pensamientos. Todo es posible si estamos dispuestos a elegir.

## Vive donde hay desconformidad

El poder de elección tiene buen lugar de nacimiento donde hay desconformidad, desconformidad con la vida, con el estado presente del carácter, economía, familia, cualquier cosa que disgusta es uno de los mejores lugares para su engendramiento pues allí está el campo para poder verla jugar, tomar decisión al elegir. "No puedes evitar el dolor, pero puedes elegir superarlo." (Paulo Coelho.)

"La mente debe ser adiestrada por medio de pruebas diarias hasta lograr hábitos de fidelidad, hasta obtener un sentido de las exigencias de lo recto y del deber por sobre las inclinaciones y los placeres. *Las mentes así educadas no vacilarán entre lo correcto y lo equivocado, como si fuera una caña mecida por el viento; pero tan pronto como el problema se presenta ante ellas, descubren de inmediato el principio que está involucrado, e instintivamente eligen lo correcto sin debatir largamente el asunto.* Son leales porque se han adiestrado por medio de hábitos de fidelidad y de verdad." (Mente Carácter y Personalidad tomo 1 pg. 74.)

La desconformidad es poderosa en la vida de todo ser humano que no nació para dar lastima. Toda crisis y problema es una oportunidad de elegir un mejor momento, vida y llegar a ser alguien con resultados extraordinarios.

Descontento con el estado de su vida, previendo su futuro entre cuatro paredes de cualquier oficina, elige dejarlo todo con la ilusión de convertirse en actor. Así es que decide mudarse a Los Ángeles con su compañera de colegio y primera esposa, Mary Marquardt. Y Hollywood lo recibe. Primero trabaja en Columbia, pero tras una infructuosa intervención cinematográfica, abandona esta productora.

Más tarde, firma un contrato con Universal y debuta sin demasiado éxito en 1966. Visto el panorama, decide esperar a tener mejores oportunidades. *Mientras, trabaja como carpintero en casas de famosos hollywoodienses.* Y en 1972, haciendo un trabajillo de ebanistería en casa de Glenn Ford, conoce a George Lucas. Este curioso encuentro supone el inicio del imparable ascenso a la fama de Harrison Ford. Sus películas y éxito claramente dicen que no hay nada de malo molestarse con el presente estado de cosas en la vida si no es lo que quieres. En lugar de murmurar puedes usarlo como trampolín a tu deseo. Él lo hizo dejó todo cuando estaba en desconformidad con su trabajo, vida y logros, empezó de nuevo y en los deberes comunes que tenía de carpintero no de famoso o actor se encontró con lo que lo llevó a la fama y éxito que hasta hoy mantiene.

Allí en los momentos de disgusto el poder de elección puede florecer si en lugar de murmurar y quejarnos decidimos "elegir" algo diferente, algo nuevo y con alas para volar todo es posible. Sabiendo que todo el que quiere algo verdaderamente nuevo, hace cosas nuevas; entonces, "Si buscas resultados distintos, no hagas siempre lo mismo." (Albert Einstein.)

Esta asiática cansada de su trabajo que no le gustaba pues solo fue el resultado del deseo de los padres. Un día escuchó su voz interna, su mente. Se había dado cuenta que sus pacientes con problemas y dolores de los pies preferían sentirme mal que verse mal con zapatos o aparatos pocos cómodos y bonitos en ese molestar de todos nació en su mente de ella cambiar de profesión, eligió dejar de ser doctora de cirugía ortopédica a diseñadora de zapatos ortopédicos.

Se propuso diseñar un zapato ortopédico que le cambió su profesión, vida y economía. Cambió la vida miles, miles de personas con esos problemas. Su nombre es Taryn Rose. Sus padres estuvieron en su contra al principio. Esta idea le trajo inspiración a su vida y mucha satisfacción como dinero pues sus zapatos ortopédicos están en tiendas internacionalmente y ella tiene 5 tiendas en el país.

Preguntas qué te pueden ayudar a encontrar tu camino:

*¿Te gusta* tu vida actual? *¿Estás contento* con tu carácter? *¿Eres feliz* con lo que tienes en tu familia y hogar? *¿Amas tu* trabajo? *¿Tienes lo que quieres* en la vida? *¿Tus principios* y valores *se ven* en tu vida? *¿Hay congruencia en todo* lo que dices con lo que haces? Tu respuesta son tus decisiones, tus respuestas pueden abrirte otro camino, tus respuestas son tu futuro. Elige nuevamente si tus respuestas *son no* a estas preguntas y vive lo que quieres, eligiendo otra vez.

**Siempre está lista.**

Nadie puede pasar en esta vida sin experimentar la capacidad de elegir. He visto por experiencia propia todos de una u otra manera experimentamos la elección. Unos lo saben y otros lo ignoran pero la verdad es que todos lo vivimos en la vida. Lo dijo (Williams James.) **"Cuando debes hacer una elección y no la haces, esto es ya una elección."**

Sépase que "La esclavitud es un estado de la mente que no puede reconocer el esclavo." (Gerry Spence.) Así que el poder de elegir no está en las circunstancias, crisis, problemas sino en tu propia mente. Tú tienes el poder de elegir o seguir donde estás. La elección siempre está lista para ti, tú tienes el timón en la mano.

Jeffrey Bezos nace en Albuquerque Nuevo México, nació sin conocer alguna vez a su padre biológico y es interesante que su madre tuviera diecisiete años cuando lo dio a luz. Su familia se mueve a Houston Texas, más tarde a Miami Florida. Pero a pesar de estas desventajas de cambios de vivienda elige estudiar, prepararse, ser alguien. Estudió Ingeniería electrónica e Informática en la Universidad de Princeton graduándose en 1986.

Se mueve y vive en Seattle Washington donde fundó una página para la venta de libros en línea llamada Cadabra.com lanzando al mercado el 16 de Julio de 1995. Más tarde esta misma página *la bautiza con el nombre famoso de Amazon.com* Hoy día es una de las empresas que crece y se expande con muchos otros artículos con entradas millonarias. Times Magazine nombró a Jeff Bezos Personaje del año en 1999. Su consistencia y deseo de hacer cosas grandes le dio vida a Amazon.com donde está en camino del éxito.

El que quiere puede porque siempre independientemente de las circunstancias siempre está listo para aprovechar toda oportunidad, nunca se hunden bajo las circunstancias adversas. Nada es imposible para el que disfruta lo posible a cada paso de su vida.

Por lo tanto el poder de la elección es la red que agarra muchos peses y guarda el que quiere. "Manda el que puede y obedece el que quiere." (Alessandro Manzoni.) Esta ley trabaja solo para aquellos que desean ser algo en la vida, *es para aquellos que si no saben eligen aprender*, buscan información, se preparan para lo que quieren en la vida. Son estudiantes diligentes en la vida para lo que quieren ellos, no lo que dicta la sociedad, familia o religión.

(Henrik Johan Ibsen) nos dijo: "Pueden prohibirme seguir mi camino, pueden intentar forzar mi voluntad. Pero no pueden impedirme que, en el fondo de mi alma, elija a una o a otra." - El poder de la elección está en todo ser humano y nada lo puede matar. "El futuro tiene muchos nombres. Para los débiles es lo inalcanzable. Para los temerosos, lo desconocido. Para los valientes es la oportunidad." (Víctor Hugo.) ¿Qué es el futuro para ti?

## La elección es el timón En tus manos

Todos pueden someterse a esta preciosa verdad que produce grandes dividendos pero es condicional **solo cuando** se elegí correctamente, es el timón en todo ser humano. Animo a cada uno que evaluemos nuestra vida, ella nos dirá que tan bien hemos elegido. *Por ejemplo la esposa, el trabajo, la casa, la profesión, nuestra alegría, nuestro presente es el mejor espejo que muestra el tipo de elecciones que hemos hecho en la vida.*

"Mientras la suerte puede ser más atractiva que el esfuerzo, no tienes la opción de elegir tu suerte. El esfuerzo, por otra parte, es completamente disponible todo el tiempo." (Seth Godin.)

Si no estamos contentos de cómo vivimos es muestra de las malas elecciones en la vida, también muestran que no hemos reconocido el poder de la elección porque cuando alguien conoce el poder de la elección, jamás pierde, jamás fracasa, solo obtiene más sabiduría, experiencia de sus errores, o cualquier cosa que salió como no quiso por razones "fuera de su control" no por dependencia de el mismo.

Allí tiene el timón, lleva el carro de tu vida a donde tú quieras. Esta niña desde pequeña se quedó sin padre sin embargo no le impidió que eligiera, estudió baile pero su hermana mayor quien trabajaba en un teatro la sacó de allí y la llevó a su trabajo y la introdujo al teatro, le encantó y surgió la famosa Thalía. Ella no pudo elegir todo en su vida pero lo que sí ha elegido lo ha elegido súper bien. Es cantante, es actora, es empresaria, es esposa de un magnate de New York, es una triunfadora no gracias a la vida, a la fama, a las desgracias sino a sus elecciones propias. ¿Y tú quién eres? ¿Qué quieres? Tus elecciones son el camino.

El timón solo puede girar a donde tú lo diriges. "El destino no depende del azar, depende de saber elegir." (Eva Longoria.) Me encanta esta verdad, es el poder en acción. Es vida para el que está muerto, es la oportunidad para el que quiere un mejor carácter, personalidad, matrimonio, espiritualidad, economía, empresa, etc.

"Cuando tengas que elegir entre dos caminos, pregúntate cuál de ellos tiene corazón. Quien elige el camino del corazón no se equivoca nunca."(Popol-Vuh.) La verdad es que el poder de la elección es el timón que rige nuestra vida, y cuando una emoción que surge del corazón es lo suficientemente fuerte como la ira, la pasión, el amor, créeme que triunfará si la sabe dirigir. Acéptese o no es el poder que dicta nuestro destino, futuro, éxito o fracaso, salvación o perdición, ser útil o desgraciar al mundo con nuestra presencia. Que pensamiento más delicado y poderoso es este, la elección envuelta con alguna emoción fuerte es la fuerza más poderosa que exista en el hombre para el logro de algo deseado, sea bueno o malo.

Esta rara pero poderosa combinación la hemos visto en la historia del cristianismo, convicción de salvación envuelta con la emoción de amor a su Salvador – Cristo es lo que ha permitido millones de mártires que felizmente dieron sus vidas por esa verdad durante la edad media. Combinación de ira, odio con convicción es lo que dio una segunda guerra mundial con Hitler. Convicción combinada con la emoción de amor a la libertad del prójimo, a los derechos humanos dio una libre India. Tú eliges. La historia te espera, tú tienes el timón en las manos.

## El poder de elección no reconoce fracaso solo

## Oportunidades

El fracaso es un estado mental, no es real ni permanente. Todos podemos si queremos lograr algo, podemos porque también empieza con un estado mental. Si hemos errado o fallado en la vida, el hogar, los negocios podemos comenzar otra vez y ver resultados porque todo empieza con la mente.

"Dios nos ha dado la facultad de elección; a nosotros nos toca ejercitarla. No podemos cambiar nuestros corazones ni dirigir nuestros pensamientos, impulsos y afectos. No podemos hacernos puros, propios para el servicio de Dios. Pero sí podemos escoger el servir a Dios; podemos entregarle nuestra voluntad, y entonces Él obrará en nosotros el querer y el hacer según su buena voluntad. Así toda nuestra naturaleza se someterá a la dirección de Cristo." (La Temperancia pg. 100.)

(Donald John Trump; Nueva York, 1946.) Magnate estadounidense. Su padre, Fred Trump, que se había quedado huérfano a los doce años, formó su fortuna construyendo viviendas de clase media, hasta llegar a tener miles de pisos en los barrios neoyorquinos de Queens, Brooklyn y Staten Island. Desde muy pequeño Donald Trump, el cuarto de un total de cinco hijos, acompañó a su padre en la inspección de los bloques y en el cobro de los alquileres. Donald estudió en la Universidad Fordham y en la de Pennsylvania. Tras ello eligió por voluntad propia, trabajar en el negocio de la construcción; a los 28 años recibió el relevo de su padre y entró de lleno en el mundo inmobiliario de Manhattan.

Uno de sus primeros grandes éxitos fue la idea de adquirir un viejo hotel contiguo a la Grand Central Station que, mediante préstamos y exenciones fiscales, logró convertir en uno de los mejores establecimientos de la ciudad. A partir de entonces compró toda clase de viviendas y edificios en Nueva York, particularmente torres de lujosos apartamentos como la Trump Tower, donde el propio Trump reside en un triplex y hoteles: es propietario del legendario Hotel Plaza, del Hotel Saint Moritz y del Hotel Grand Hyatt.

Pero su auténtico imperio se formó en Atlantic City, localidad situada en la costa de Nueva Jersey, cerca de Filadelfia. Allí poseía los tres principales casinos: el Trump Castle, el Trump Plaza y el más reciente Taj Mahal. También allí se hallaba anclado el yate Trump Princess, considerado el más lujoso del mundo, que fue adquirido al millonario saudita Adnan Kashoggi por 29 millones de dólares. El magnate poseía además una casa valorada en siete millones de dólares en Palm Beach (Florida), una mansión de 47 habitaciones en Connecticut, un Boeing 727 y seis helicópteros.

Entre sus adquisiciones de los 80 figuran el puente aéreo de la Eastern Company entre Boston, Nueva York y Washington, que rebautizó como Trump Shuttle, y el 5% de las acciones de American Airlines. En Junio de 1988 publicó el libro *Trump o el arte de vender*, que en poco tiempo se colocó a la cabeza de las listas de libros más vendidos en su país. *Trump era el ejemplo por antonomasia del norteamericano triunfador que se ha hecho a sí mismo, y uno de los millonarios más populares de Estados Unidos.*

En 1990 ocupaba el puesto decimonoveno en la lista de grandes fortunas estadounidenses de la revista Forbes, con un patrimonio valorado en más de mil millones de dólares.

Sin embargo este hombre ha tenido sus fracasos si se le quiere llamar así. Uno de sus divorcios le costó 25 millones, sus empresas casi llegaron a la bancarrota con deudas de hasta 3.500 millones de dólares. Pero una vez más el poder de la elección, deseo personal, el poder de saber que todo está en uno el nuevamente se levanta y logró no solo restablecer sino incrementar sus millones con nuevos inversores, convirtiéndose en dueño de un certamen miss universo. Sus propiedades incluyen también, el lujoso Club de Mar – a – Lago en West Palm Beach Florida. Una mansión histórica que una vez perteneciese a Marjorie Merriweather Post y E.f. Hutton. Además del Trump Internacional Golf Course.

La elección sabia sabe bendecir, es coautor con Robert Kiyosaki. Autor de sus propias obras como "Think Big and Kick Ass in Business and life." Mucho más se puede decir sobre él. La verdad que resalta aquí es que cuando se sabe que en nuestras manos está el timón de la elección nada es imposible, ni comenzar, ni recrearse, ni recomenzar cuantas veces sea necesario hasta lograr lo que se desea. Donal Trump es un ejemplo claro de esta verdad.

El poder del destino, de una mejoría, de algo diferente, de un nuevo mundo y la más grande posibilidad de tener lo que uno quiere – *está en la simple pero poderosa verdad del poder de elección*.

Así que, "**Alguien nos debería decir a nosotros, en el comienzo de nuestras vidas, que estamos muriendo. Entonces podremos vivir la vida al límite, cada minuto de cada día. ¡Hazlo! Yo digo. ¡Ya sea que quieras hacerlo, hazlo ahora! Hay tan pocas mañanas." (Michael Landon.)**

# El Poder Del Enfoque 13

"Algunas veces la imaginación produce la enfermedad, y es frecuente que la agrave. Muchos hay que llevan vida de inválidos cuando podrían estar buenos si pensaran que lo están. Muchos se imaginan que la menor exposición del cuerpo les causará alguna enfermedad, y efectivamente el mal sobreviene porque se le espera. Muchos mueren de enfermedades cuya causa es puramente imaginaria." (Mente Carácter y Personalidad tomo 1 pg. 60.)

El papel que juega el enfoque en nuestra vida para el triunfo de todo lo anhelado y deseado es indispensable. Lo bueno de todo esto es que el enfoque se puede aprender, lograr y mantener como el mejor medio para hacer lo que se ha decidido lograr. Pero de igual manera no estar enfocados es estar enfocados en algo más que nos puede causar el fracaso en todo sentido de la palabra.

¿Qué es enfoque? Según el diccionario nos dice que es: "... 1 Hacer que la imagen de un objeto obtenida con un aparato óptico se proyecte con claridad sobre un plano u objeto determinado 2 Proyectar un haz de luz o de partículas sobre un determinado punto 3 Dirigir la vista o un aparato óptico hacia un lugar determinado: «El general *enfocó* sus binoculares» 4 Dirigir la atención o analizar, estudiar y resolver un asunto: «La inquietaba la forma en que su prima *enfocaba* esa dificultad», enfocar el problema desde la perspectiva de la psicología." (Diccionario.Sensagent.com.)

Enfoque es:

- **Una clara proyección**
- **Proyectar sobre un plano u objeto determinado…**
- **Proyectar un….**
- **Sobre un punto determinado…**

- **Dirigir la vista…**
- **Hacia un lugar determinado…**
- **Dirigir la atención…**
- **Analizar…**
- **Estudiar….**
- **Resolver un asunto…**

Los hombres de éxito no solo han entendido el enfoque que deben tener sino saben que en la vida es un poder extraordinario que da resultados excelentes a todo el que lo reconoce y pone en práctica. El verdadero enfoque es inteligente, no depende jamás de las emociones vacilantes.

Por lo tanto para lograr el verdadero enfoque a algo debe contestarse las siguientes preguntas. ¿Qué estás haciendo? ¿Por qué lo estás haciendo? ¿Cómo lo harás? Respuestas a estas demostrarán que tipo de enfoque tienes, además estas preguntas nos pondrán en el verdadero camino del enfoque *con Norte*.

Enfoque basado en la lista arriba debe saberse que es un asunto mental, completamente intelectual. El enfoque es hábito adquirido, está en una mente completamente disciplinada. El poder del enfoque es creciente no durmiente – porque es 'poder' en acción. El enfoque es la raíz de la determinación y elección. Es el comienzo de un fin y es el fin de un comienzo en la mente que se materializa en la vida. Enfoque verdadero va más allá que solo pensar – analiza, estudia y me encanta decir que resuelve problemas.

Los hermanos Wright lo demostraron, querían volar y lo lograron. ¿Por qué? Porque ese fue su enfoque. Les llevó catorce años lograrlo.

Estos dos hermanos comenzaron con un pequeño negocio de reparación de bicicletas. Pero a partir de 1889 el vuelo los fascinó. Comenzaron a realizar investigaciones y a través de las mismas consiguieron construir cometas y planeadores biplanos, proyecto que perfeccionaron para en 1903, emprender el vuelo hacia lo soñado. De esta manera se hizo realidad el primer vuelo a motor de la historia.

Vale destacar que la proeza pasó casi inadvertida en la época. Pero en 1905 la prestigiosa revista científica estadounidense Scientific American informó con detalle la hazaña. ¿Dime que es lo que logró que estos hermanos soñadores, determinados lograran su hazaña en esa época? Lograron lo que logra una persona enfocada, un resultado que ha bendecido altamente a toda la humanidad. ¿Qué seriamos hoy si no hubiera aviones?, meses en alta mar para ir a Europa, Asia, África, Sur América. Meses para cruzar todo Estados Unidos, México etc.

(Ramón Salop) lo dijo así: **"El que sabe lo que quiere lo logra, está enfocado, tiene claro sus objetivos, sus metas, es como tener una mira telescópica, dirigida a tu sueño, es el faro que te guía, que indica el rumbo, es la brújula que apunta siempre hacia la meta."** Sin embargo cuando una persona no tiene enfoque vive como lo describe (Lewis Carroll) del libro: "Alicia en el País de las Maravillas "- **¿Podrías decirme, que camino he de tomar para salir de aquí? Preguntó Alicia. - Depende mucho del sitio a donde quieras ir - contestó el Gato. - Me da casi igual dónde - dijo Alicia.** - Entonces no importa qué camino sigas - dijo el Gato".

Así que te planteo las siguientes preguntas que al contestarlas con mucha atención sabrás que tan claro, firme y grande es tu enfoque.

¿Sabes quién eres? ¿Sabes cuál es tu vocación? ¿Sabes lo que quieres? ¿Sabes a dónde quieres llegar? ¿Sabes el valor que brindas a los demás? ¿Sabes por qué haces lo que haces? ¿Sabes a dónde llega tu influencia? ¿Qué resultados tienes en tu carácter? ¿Qué metas has logrado en los últimos 3 – 5 años? ¿Cuál es tu meta hoy, tu visión y misión? ¿Cuándo revisaste tus pensamientos, metas y visión?

Tus respuestas dicen la calidad de tu enfoque.

## Es una bendición que debes descubrir

Todo ser humano puede lograr el enfoque y que grandeza adquiriría en todo sentido de la palabra si lo supiese, lo entendiera y poseyera. En otras palabras la grandeza de hombres que han hecho historia no ha sido casualidad sino elegido. Uno construye su nombre, su vida, sus logros pero esto no es el resultado de una vida sin sentido, ni mucho menos sin agenda. La verdad es que una cosa es saberlo y otra poseerlo. En realidad es *una bendición provocada* por el hombre y bendecida por Dios en el esfuerzo humano. Hagámoslo hoy, busquemos ser seres humanos enfocados.

El enfoque es la prosperidad en las manos de todo hombre y mujer que ya entendió que Dios le dio mil y una de bendiciones y una de ellas *es la capacidad de saber;*

*1 - quién es,*

*2 - a dónde va y*

*3 - qué busca,*

En estos tres pasos reina el enfoque.

Entonces debemos preguntarnos, ¿Cómo descubro en mí esta bendición? Es de importancia conocer cuál es tú razón en la vida, pero de manera más específica tu vocación. (**Ramón Salop**) nos dice: "**Para descubrir tu enfoque lo primero que debes hacer es saber cuál es tu vocación, para eso descubrirás cuáles son tus valores, talentos y preferencias muy particulares. La vocación, te invito a que tomes una pluma y papel para que escribas** todas las **Habilidades, Talentos y Preferencias que crees tener.**" Esto te dará el camino a seguir, ayudará a construir tu enfoque con sentido y determinación y no solo podrás descubrir esta bendición sino poseerla.

Conocer lo que se quiere es el camino a la concentración o enfoque. Centrarse en lo que se quiere, es una bendición que se descubre mientras se está convencido y convertido de lo que uno es y adonde quiere ir, la vocación es el camino de los grandes logros. *No pierdas tú tiempo siendo lo que no quieres ser, lo que dicen que eres, lo que la sociedad dicta que puedes ser. Se lo que te mantiene despierto en la noche, lo que sueñas, lo que sabes, lo que te hace feliz.*

## Es un hábito

No se nace con ello. Hay que aprenderlo y requiere *mucho trabajo y esfuerzo*. Al inicio es duro pero garantiza una abundante cosecha. Esta bendición una vez asumida añadiéndosele acción da un regalo llamado hábito y así madura hasta que llega ser parte de tu naturaleza.

Ahora ¿Cómo lo haces un hábito? Esta capacidad es la repetición en la mente de lo que se pensó, se visualiza y explota en deseo que busca acción. Al materializarse esa esperanza, ese deseo, ese sueño llega a tener alas que lleva lejos, lleva a logros que no regresa. *Pocos son en verdad los que gozan de esta capacidad convertida en hábito porque a pocos les gusta enfocarse en lo que piensan continuamente, sistemáticamente, consistentemente,* lo que planearon hacer y establecieron como meta en su mente, y por escrito.

**¿Cómo empieza a vivirse este hábito? Este hábito empieza con la importancia de:**

1. Tener un vocación, llamado o convicción de algo en la vida
2. Tener una visión.
3. Debe estar escrito.
4. Una lista de metas.
5. Que tenga una fecha de inicio, evaluación y fin.
6. Renovar tu llamado.
7. Continuar con nuevas metas.
8. Reevaluar tu visión.
9. Poner nuevas misiones u objetivos en la vida.
10. Renovar y fortalecer tus hábitos.

Si haces esto tu hábito empezó, si lo sigues tu hábito se fortalece, si lo logras tu hábito madura y podrás hacerlo otra vez en todo lo que quieras. Todo empieza contigo, recuerda estamos hablando del poder del enfoque. Hablar de enfoque es hablar y vivir consistentemente, sistemáticamente. *"Todo lo que puedas imaginar, lo podrás lograr, sólo debes centrar todo tu esfuerzo, tu pasión y tu deseo por lograr ese sueño, nadie lo hará por ti y el mejor camino es ponerlo por escrito una y otra vez hasta que sea una realidad en tu mente y hacerlo para que se forme en la realidad."*

En 1839, Daguerre presentó en la Academia de ciencias y Artes de París un invento que cambio al mundo. El daguerrotipo, embrión de la fotografía. En realidad, la primera impresión fotográfica permanente había sido obtenida por Joseph Niepce en 1826, pero se trataba de una imagen de mala calidad que requería de horas de exposición. *En cambio el daguerrotipo se fijaba en minutos.*

Louis Jacques Mande Daguerre dibujante de talento, decorador y creador del diorama, Daguerre era un hombre emprendedor y experimentador nato que sabía del poder del enfoque. Lo había vivido en su mente muchas veces y hecho realidad en la vida real. Enterado del logro de Niepce, le visitó en 1826 y del encuentro surgió el compromiso de perfeccionar el invento. *Lo que Daguerre aportó fue el método de fijación. Nada más al ser publicitado, el científico Jean Arago propuso al gobierno francés que lo comprara.*

A las pocas horas de su comercialización, las ópticas de París se vieron desbordadas por la demanda de cámaras fotográficas, que pronto invadieron Europa y Norteamérica. *Enriquecido y honrado con la legión de Honor, Daguerre murió en 1851. El enfoque es un hábito que da dividendos grandes que no viene al azar.*

Elena de White afirma. "El éxito en cualquier actividad requiere una meta definida. El que desea lograr verdadero éxito en la vida *debe mantener constantemente en vista* esa meta digna de su esfuerzo." (La Educación pg 262.) Esta es la fórmula de la conquista de lo que sea, del triunfo del que quiere y victoria del emprendedor.

## Le gusta crecer y la estabilidad constante

El diccionario nos dice que enfoque también es: "…centrar, clavar, concentrar, concentrar la atención en, concentrarse en, destacar, estar concentrado en, fijar, fijarse en, iluminar, reconcentrarse en."

Así que para enfocarse hay que centrar, concentrar la atención a la meta. Todo esto es crecimiento continuo. Este hábito no se queda como bebé, c - r - e- c- e, si no crece no sirve, esto es destacar. Este es el clímax de la verdadera acción de cualquier idea, el enfoque es lo hace realizarse. No se cansa sabe que si sigue allí será realidad – esto es fijarse en. Todo esto hace que el esfuerzo y la meta buscada por enfoque a esta capacidad le dan estabilidad desarrollada – iluminar constantemente.

*El constante sometimiento de la idea o deseo* a la voluntad hace que el enfoque sea realidad, un éxito. El verdadero enfoque hace que el hombre alcance su máximo. "El lugar definido señalado para nosotros en la vida lo determinan nuestras aptitudes. No todos alcanzan el mismo desarrollo, ni hacen con igual eficiencia el mismo trabajo. Dios no espera que el hisopo adquiera las proporciones del cedro, ni que el olivo alcance la altura de la majestuosa palmera. ***Pero todos deberíamos aspirar a la altura a que la unión del poder humano con el Divino nos permita alcanzar.***" (La Educación pg. 267.)

La verdad es que el enfoque crece y avanza porque crece en los obstáculos, no le tiene miedo a nada, no se distrae sabiendo lo que quiere es de gran valor. "Enfoque y concentración: la distracción es la obstrucción a la construcción" - Ciencia del sueño, Cine. Tú estás concentrado, no hay emoción, problema, obstáculos, crisis, enemigos que puedan llamar tu atención, estás construyendo tu realidad, sigue y logra.

Revisar cada día nuestras ideas convertidos en planes y proyectos hace que este poder se desarrolle, es de suma, suma importancia entenderse esto, revisar es lo mismo que evaluar lo que se ha planeado y así de esta manera ella crece, madura, se fortalece y desarrolla constantemente – esto es reconcentrarse en.

La vacuna antirrábica y la pasteurización nació de este principio - **"Le gusta crecer y la estabilidad constante",** en la vida de Louis Pasteur Considerado en su época como "el hombre más perfecto que jamás ha pisado el reino de la ciencia", Louis Pasteur tuvo el mérito de descubrir al mundo diversos remedios susceptibles de salvar muchas vidas humanas. Natural de Dole, Francia,

Pasteur un hombre intelectual estudió Física y Química. Inicialmente, se dedicó a la cristalografía para luego enfocarse en lo que sería su gran campo de investigación: las fermentaciones. Así, pudo descubrir que dicho fenómeno era producido por microbios, a los que identificó también como autores de muchas infecciones. Dedicó especial atención y enfoque al carbunco, una enfermedad contagiosa y mortal para el ganado, producida por una bacteria. Como conclusión, Pasteur diseñó la metodología para asegurar la asepsia en los procesos que podían ser infecciosos, como las operaciones quirúrgicas.

Creciendo en lo que le encantaba se dio cuenta de que al calentar algunos líquidos fermentables, como la leche, a una temperatura de 75 grados centígrados, para luego enfriarlos rudamente, conseguía eliminar la mayor parte de los gérmenes patógenos. Este proceso, que servía para alargar el periodo de conservación de los alimentos, fue bautizado como *pasteurización.*

Pero sin duda, por su estabilidad constante logró popularidad por el descubrimiento en 1885 de la vacuna contra la rabia, una enfermedad provocada por las mordeduras de perros y otros mamíferos, que causaba terror entre la población. Su repercusión fue tan grande e inmediata que, con la suscripción popular internacional recabada a los pocos días de crearse el remedio, se fundó en París el Instituto Pasteur, un centro privado de investigaciones biológicas y médicas dedicado a proporcionar sueros y vacunas. El propio Pasteur establecido en ella lo dirigió desde 1888 hasta su muerte en 1895.

**"Como puedes ver, es una metodología, paso a paso, que te llevará a administrar y lograr cualquier cosa que te propongas. Recuerda,** *si sigues haciendo lo mismo, seguirás obteniendo lo mismo***, el tiempo no perdona,** *toma el control de tu futuro* **¡hoy!"** *(Ramón* Salop.)

### Raíz de la determinación y elección

El diccionario nos dice que enfocar es además de varias definiciones, **"Dirigir la atención** o analizar, estudiar y resolver un asunto:"

Esta ley es de suma importancia en todo el que en verdad quiera tener éxito en la vida, pues puede uno estar determinado pero si no tiene enfoque que "dirija la atención" - no llegará muy lejos. Lo que quiero decir es que estar enfocado es más que solo estar mirando algo, en si involucra empujar, dirigir constantemente. El trabajo de enfocar es administrar, gobernar. No solo es salir brincando de pasión a lo que se quiere, hay que dirigir los pasos a lo que se quiere. Recuerda, **"Nunca hay viento favorable para el que no sabe hacia dónde va"** (Séneca.)

La verdad de todo es que todo tiene un comienzo y un fin, ley invariable, el enfoque es nacido en esa verdad. Es la raíz de la elección y determinación. Esta capacidad está engendrada voluntariamente por el individuo y es en realidad el comienzo, la raíz del árbol de la determinación y elección y si sabe usarla es el fin de lo que tanto quieres.

Esta raíz es la madre de la determinación que te mantiene caminando, corriendo, pensando, trabajando y avanzando en todo lo que está en tu mente ya planeado, esto es dirigir. La determinación es ya vimos el poder de no solo pensar, elegir, de actuar al comienzo si no de *mantenerte en el camino, pero enfoque te dirige sabiamente* en el camino hacia tu meta elegida.

Con el enfoque verdadero y voluntario nace tu elección y continúa la vida de tus decisiones o elecciones. Enfoque, enfoque y más enfoque es la raíz y fruto del éxito de cada idea, deseo o proyecto en proceso de realización. Pocas cosas se pueden decir sobre Michael Schumacher. El tipo de enfoque a su meta es único. Los logros que ha conseguido en su carrera como piloto de Fórmula 1 hablan por sí solos. Es el mejor piloto de la historia y tiene el mejor palmarés.

Su historia la encontramos en *(www.edeporte.com.)* Pero llegar a reunir todos los títulos, récords y logros no tiene nada de simple. Schumacher ha estado quince años en lo más alto de un deporte tan competitivo como es el de la Fórmula 1, y eso no es nada fácil. De hecho, es casi imposible y sólo está al alcance de un fuera de serie como el alemán. Como casi todos los grandes pilotos, la relación de Schumacher y la conducción comenzó en una pista de karts. Su padre regentaba una en Kerpen, cerca de Colonia, y le regaló un kart construido por él mismo cuando el joven Michael aún no contaba cinco años. Era el principio de una larga amistad. El problema surgió con las leyes alemanas, que no permitían tener licencia para conducir un kart hasta los catorce años. Michael ya despuntaba cuando cumplió los diez y quería empezar a competir. Así que decidió sacarse la licencia en Luxemburgo, donde la edad mínima exigida son doce años. Y así empezó su carrera como piloto. Hasta 1989, el piloto alemán ganó multitud de carreras y campeonatos en Alemania y en el resto de Europa. Aquel año firmó con Will Weber como manager, que sigue siendo su hombre de confianza hoy en día, y debutó en la Fórmula 3 alemana. No tardó en dar muestras de su clase y su habilidad al volante.

Su debut en la Fórmula 1 se produjo en el Gran Premio de Bélgica de 1991 con un Jordán-Ford. Impresionó a todo el mundo cuando se clasificó séptimo en los entrenamientos en lo que era su primera toma de contacto con un coche de F1. En carrera no tuvo tanta suerte y tuvo que abandonar por unos problemas con su embrague. Eddie Jordán, manager del equipo, le quiso firmar al ver el potencial del alemán, pero Weber puso freno a las negociaciones y le aconsejó actuar con prudencia. Sabía que aspiraba a conducir un coche mejor, y así fue. Pocos días pasaron hasta que Bennetton-Ford le ofreció un mejor contrato a Schumacher que no dudó en aceptar. Jordán se subió por las paredes pero ya no había nada que hacer. En 1992 Schumacher ganaría su primera carrera justo un año después de su debut en la categoría y en el mismo lugar, en el circuito de Spa Francochamps. La temporada siguiente comenzó con grandes expectativas en el equipo Benetton. Schumacher ganó el Gran Premio de Portugal pero la temporada no fue buena ya que el coche no estuvo a la altura de unos inalcanzables Williams. Tan solo Ayrton Senna pudo hacer algo de sombra a la superioridad de Alain Prost. Schumacher se haría con su primer título de campeón mundial en 1994 a los mandos de un Benetton. Fue una temporada marcada por la muerte de Ayrton Senna y Roland Ratzenberger en

Imola. Un acontecimiento que marcó la Fórmula 1 para siempre. Pero también fue la temporada en que comenzó la fama de sucio del piloto alemán. Tras la muerte de Senna, Damon Hill, su compañero de equipo, asumió la responsabilidad de enfrentarse a Schumacher.

La distancia entre ambos en la clasificación era grande pero el alemán se vio envuelto en varios incidentes polémicos que igualaron el campeonato. Ignoró una bandera negra de penalización y fue sancionado con dos carreras. Además, en Spa fue descalificado después de que los comisarios detectaron irregularidades en su monoplaza. Así las cosas, el piloto germano llegó al último Gran Premio, en Australia, con tan solo un punto de ventaja sobre Damon Hill. En carrera, colisionó con el piloto inglés dejando a los dos fuera de combate en uno de los incidentes más polémicos de la historia de la Fórmula 1. Así se hacía con su primer mundial. Al año siguiente repetiría título, esta vez con una clara superioridad sobre los demás, y se convertía en el piloto más joven en ganar dos mundiales. Junto a su compañero Johnny Herbert también consiguieron el primer título de constructores en la historia de Benetton.

En 1996, Schumacher decidió arriesgar y firmó contrato con Ferrari. La marca italiana llevaba desde 1979 sin ganar un título, lo había conseguido Jody Scheckter, y la decisión del piloto alemán no fue nada fácil. Pero está claro que acertó. Sus tres primeras temporadas no auguraban nada bueno. En el 97 estuvo a punto de ganar el Mundial pero otro incidente polémico en la última carrera, esta vez con Jacques Villeneuve, acabó con su Ferrari fuera de combate y con el canadiense como campeón del mundo. Al año siguiente rozó el título pero otra vez lo perdió en la última carrera, ahora ante el finés Mika Hakkinen. En 1999 todo apuntaba a su primer título con Ferrari pero en el Gran Premio de Gran Bretaña tuvo un grave accidente en el que se fracturó la pierna y perdió todas sus opciones de título.

La leyenda de Michael Schumacher en la Fórmula 1 comenzó a forjarse a partir del año 2000. Aquella temporada supuso el principio de una tiranía del piloto alemán que no encontró rival hasta que Fernando Alonso se cruzó en su camino. Su primer título con Ferrari llegó tras una dura batalla con Mika Hakkinen. Pero esa rivalidad no duró demasiado y Schumacher se paseó en los mundiales de 2001 y 2002, en los que ningún piloto logró acercarse al nivel del alemán en ningún momento. En 2003 se alzaba con su sexto título del Campeonato del Mundo y rompía el legendario récord de Juan Manuel Fangio, que poseía cinco títulos en su palmarés. No fue una temporada tan fácil como las anteriores ya que Juan Pablo Montoya, Kimi Railkkonen y su hermano Ralf le pusieron en algunos apuros, aunque Schumi salió vencedor en casi todos estos duelos. La superioridad de Schumacher sobre todos sus rivales se vio reflejada en la temporada 2004. A pesar de la competitividad que existía en los máximos rivales de Ferrari, los McLaren y los Williams, el piloto germano completó un año casi perfecto para alzarse con su séptimo título mundial. Ganó doce de las trece primeras carreras y acabó el año con un récord de puntuación (148) y de victorias (13 de 18). El propio Schumacher poseía el récord de victorias en una sola temporada, once, logrado en 2002.

Pero en 2005 las cosas cambiaron. Un jovencísimo piloto que llevaba años llamando a las puertas de la gloria, Fernando Alonso, irrumpió en el Mundial de manera más que notable. A los mandos de un Benetton, el piloto asturiano rompió la hegemonía de Schumacher y Ferrari, y se proclamaba campeón del mundo. Era el primer español en la historia en conseguirlo. No fue el mejor año del alemán, que incluso perdió el subcampeonato en favor del finlandés Kimi Raikkonen. Su única victoria de la temporada llegó en un polémico Gran Premio de Estados Unidos, en el que tomaron parte tan solo seis monoplazas debido a los problemas de Michelin con sus neumáticos.

2006 fue, hasta su sorprendente vuelta en 2010, su último año como piloto de Fórmula 1. En una temporada para enmarcar, el alemán supo enjuagar la diferencia que Alonso había conseguido en las primeras carreras del Mundial y forzó al asturiano al límite. El título se decidió en Brasil, en el último Gran Premio. Pero un inoportuno pinchazo le privó de luchar por la victoria. Alonso se hizo con el Mundial pero Schumacher se despidió con una carrera épica en la que logró acabar cuarto y dejar constancia de que se iba el más grande.

Su regreso en 2010 a los mandos de un Mercedes ha despertado un enorme interés entre los expertos que, en la mayoría de los casos, no creen que pueda optar a conquistar su octavo título mundial. - (Fuente, www.edeporte.com.)

La historia nos dirá si pudo o no lo que si se es que *el enfoque* de este hombre fue único y así los resultados fueron únicos y claros. Un verdadero enfoque sabe dirigir, se envuelve de determinación y sus elecciones siempre son productivas. Así ocurre con cualquiera que sabe lo que quiere.

## Es amigo de la Evaluación

El diccionario nos dice que enfocar es además de varias definiciones, "Dirigir la atención o **analizar, estudiar** y resolver un asunto:"

Algo que no puede pasarse por alto es la evaluación, evaluación intencional, al estar enfocados no significa que no hay nada que hacer más que realizar lo que se quiere. Todo lo contrario el enfoque tiene su laboratorio de prueba, de examen, de evaluación de cada idea, de cada acto, de cada sistema, estrategia, *se revisa la idea, el escrito, el plan, así se afina el propósito*.

Enfoque bajo evaluación es lo que permitió la *Televisión a color*, Guillermo Gonzáles Camarena un hispano no contento con la televisión a blanco y negro decidió traerla a color. Así inventó en 1940 un sistema para transmitir televisión a color, el Sistema Tricromático Secuencial de Campo. Más tarde creó un sistema más simple para generar color, el Sistema Bicolor Simplificado.

Cuando reconoces el poder del enfoque bajo evaluación puedes no bendecir al mundo con lo que otros ya lograron sino revolucionarlo llevándoles más lejos y a mejores horizontes. Tomemos en cuenta que la televisión es uno de los aparatos más usados en el mundo.

**"Los medios para mejorar están al alcance de todos. Que ninguno chasquee al Maestro cuando venga a buscar frutos, presentando sólo hojas. Un propósito resuelto, santificado por la gracia de Cristo, obrará maravillas."** (Mente Carácter y Personalidad tomo 1 pg. 51.)

Estar enfocado es un arte, es el arte de saber que quieres, pulir tus tácticas, estrategias y pasos a lo deseado. La evaluación no viene al azar debe buscársele y usar su presencia. El uso de ella dependerá del individuo y manifestará el valor, lo grande que es su meta. La evaluación siempre es de suma importancia pues ella no solo afina, limpia y mejora lo que se está haciendo sino que ella te lleva a pensar e idear para mejores resultados y afirma tu avance en lo planeado.

### Es el fin del comienzo

El diccionario nos dice que enfocar es además de varias definiciones, "Dirigir la atención o analizar, estudiar **y resolver un asunto:"**

La verdad de todo, todo tiene su fin y su comienzo y está íntimamente relacionado al enfoque, enfoque al comienzo, enfoque en el proceso, enfoque para llegar al fin. Así el fin del comienzo de todo lo ideado, planeado y propuesto está en el enfoque establecido que da el fin desde el comienzo, bendita realidad. Si planeaste algo y no lo terminaste fue por solo dos razones,

1 – no te enfocaste lo suficiente o

2 – no tenías enfoque.

El enfoque verdadero tiene el poder de lograr su deseo.

Por lo tanto no solo abogamos de un enfoque común, un enfoque momentáneo, un enfoque con pasión sino estable y de larga data. Este tipo de enfoque es el que ha logrado el éxito que ha hecho feliz a miles, millones de dólares se han acumulado por los que la poseen, todo enfoque de corto tiempo tiene resultados pero no permanentes. Solo el enfoque de largo tiempo es lo que hace que tu nombre se escriba en la historia, allí tienes un Abraham Lincoln, un Noé, un Mandela.

**"Para poder tener éxito tú debes tener un enfoque de larga data"** (Anthony Robbins.)

Saber que el enfoque tiene poder hace que los interesados busquen primero apreciar esta bendición que todos pueden tener. Hace que lo practiquemos más para desarrollarlo y hacerlo un hábito. Él te hará comenzar, te llevará y concluirá tu idea, tu plan, tu meta si tu enfoque es firme y de larga data tú tienes futuro. El amor a él hace que llegue a ser el mejor amigo de tu vida en todo proyecto o meta. Es pues el fin del comienzo de todo lo que te propongas porque no importa que se interponga – el enfoque sabe resolver problemas y alcanzar su fin.

La infancia de Jack London fue marchitada con la pobreza y grandes dificultades, pero obsesionado con una ambición impulsadora para llegar a ser un gran escritor desde 1895 - 1918, el realmente enfocado a pesar de problemas y por ser un exquisito autor tuvo que enfrentar acusaciones de plagio, pero como todo buen autor enfocado siempre resolvía sus problemas y nada pudo evitar que triunfara con sus escritos y así llegó a ser el famoso autor de cincuenta y un libros y también autor de un sinnúmero de historias cortas. Su entrada anual llegó a ser dos veces la del presidente de los Estados Unidos entre 1890 - 1920.

Cuando se está enfocado nada, nada es imposible. Nada es problema. Los obstáculos son escalones. "Incluso arrastrándose en la arena la enredadera florece." (Tagami Kikusha.) El enfoque es así. Es un paso más a tu deseo bajo cualquier circunstancia. Nunca pierde la dirección, solo se fortalece más. El enfoque es un poder que todo el que ha logrado algo, ser alguien de bendición en la tierra a usado. Tu futuro tiene mucho que ver con usar o despreciar esta bendición el poder del enfoque.

# El Poder De La Aventura  14

*"La fuerza o la debilidad de la mente tienen mucho que ver con nuestra utilidad en este mundo y con nuestra salvación final.* Es deplorable la ignorancia que ha prevalecido con respecto a la ley de Dios y nuestra naturaleza física. La intemperancia de cualquier clase es una violación de las leyes de nuestro ser. La imbecilidad prevalece en un grado terrible. El pecado se hace atrayente bajo el manto de luz con que Satanás lo cubre, y él se complace en retener el mundo cristiano en sus hábitos diarios bajo la tiranía de las costumbres, como los paganos, y gobernado por el apetito." (Mente Carácter y Personalidad tomo 1 pg. 73.)

La aventura suena en muchos inmoral, una broma, algo sin sentido. Sin embargo en el ***Código De Toda Posibilidad*** abogamos que ella es una bendición en la vida de todo el que sabe del poder de su mente. La aventura es una ley en el ser humano que está a su favor si se quiere usar correctamente. Esta ley es aquella que permite renovar cada momento y cada día nuestros pensamientos e ideas con la magia de la creatividad o imaginación. Allí está el comienzo continuo de nuevas cosas en la vida. En otras palabras este tipo de personas gobernadas con esta ley buscan nuevos pensamientos, traen intencionalmente nuevas ideas, porque tienen y quieren nuevas aventuras.

Gustosamente esta ley te permite reevaluar lo que haces, es la madre de todo lo revisado, de todo lo examinado intensamente para traer a la vida nuevas formas, sistemas, estrategias, planes, organizaciones para producir un carácter, un producto, una sociedad mejor.

La desconfianza en lo que ya pensamos, creemos y hacemos es buena hasta cierto punto pues esa actitud nos dará la capacidad de penetrar en nuevos territorios, áreas de grande profundidad que de otra manera no hubiéramos llegado a encontrar. Alguien dijo: "Desconfía de todo lo que veas en este libro o en cualquier otro y mantén la mente abierta." (Gordon Delamont.) Ese es el poder de la aventura trabaja en la desconfianza, trae soluciones a los temores, problemas, recompensa a los que tienen la mente abierta.

La aventura tiene varias definiciones pero son dos las más comunes.

        a) Es un acontecimiento buscado.
        b) Es un incidente ocurrido.

## Es una elección buscada

Piensa por un momento que es la aventura para ti, puede ser un pensamiento, solo una idea, un deseo en acción, un incidente experimentado, un suceso ocurrido, un lance sin prudencia, un episodio vivido, un acontecimiento, destino encontrado. El amor, la vida, un accidente. Etcétera.

Quiero hablar en este capítulo de la aventura desde el punto de vista moralmente ético de un evento buscado. En otras palabras que busque aventurar, buscar algo nuevo en tu mente, un pensamiento loco, una idea extrovertida y retadora. Un suceso que te haga cambiar de concepto, posición emocional, social, económica y sobre todo espiritual.

Está escrito que: "Dios nos ha dado capacidad para pensar y obrar, y actuando con cuidado, buscando en Dios nuestra sabiduría, llegaremos a estar en condición de llevar nuestras cargas. Obrad con la personalidad que Dios os ha dado. No seáis la sombra de otra persona. Contad con que el Señor obrará en vosotros, con vosotros y por medio de vosotros." (Mente Carácter y Personalidad tomo 1 pg. 106.) La aventura te invita a no ser la mente, ni sombra de otro, sino ser tu propia mente y tu propia sombra, o sea tener tu propia personalidad, carácter y poder mental.

En otras palabras *atrévete a algo nuevo, diferente, controversial si es necesario*, algo tan poderoso que despierte la crítica para encontrarte con nuevas formas de pensar, planear, buscar, trabajar, prácticar, lograr y triunfar. "La alegría de la vida deriva de expresarnos, de correr riesgos, de aventurarnos. No todo el mundo te amará, pero tú sí puedes amar a quien desees." (Andrew Matthews.) No seas la mente de otro, se tú mismo, de eso se trata la aventura. La aventura no reproduce personas, hace personas. Hace eventos. Hace proyectos y plantea objetivos y no le importa si tiene una sociedad en su contra.

Aquí te doy algo para pensar y ver el poder de la aventura: En la antigua Roma se practicó el hábito de la limpieza que hoy se asocia con el uso del papel. Una esponja amarrada a un palo y sumergida en un balde de agua salada estaba a disposición en los baños públicos. Los usuarios compartían la herramienta, con la que se "refrescaban".

En 1391 emperadores chinos ordenan la fabricación de hojas especiales para el baño, de (0,5 x 0,9) metros de longitud. Los colonos norteamericanos prefirieron las mazorcas de maíz hasta bien entrado el siglo XVIII. Entretanto, en zonas costeras se echaba mano de conchas marinas, y en islas como Hawai la variante local eran las cortezas de coco. En otras zonas rurales encontraban muy útiles los libros y revistas de toda clase. Cuando los periódicos se volvieron cosa común en la sala de la casa, a principios del siglo XVIII, pronto se hizo del baño su "segundo hogar". Otra historia, claro está, tenía lugar en castillos y mansiones, ricos y poderosos no sometían sus traseros a semejantes rigores. Los suyos estaban hechos para el algodón y el encaje. Podría decirse que 1857 marca el inicio de una cierta "democratización" del baño.

Ese año, el empresario neoyorquino Joseph Gayetti sacó a la venta el que llamó, con todo orgullo, "papel terapéutico Gayetti". Terapéutico, en verdad, dados los antecedentes: se trataba de hojas de papel especiales para el baño, aderezadas con humectante, y en presentación de quinientas por paquete, a 50 centavos de dólar cada uno; toda una fortuna para la época. Gayetti no tenía el menor reparo en pregonar que "papel terapéutico" era hijo de su ingenio. De hecho, su nombre aparecía impreso en cada hoja. Poco parece haber cambiado el papel de baño los siguientes treinta años, hasta que Scott lo "enrolla". En aquel entonces, intermediarios dieron la cara por la avergonzada compañía, y así como el hotel Waldorf de Nueva York aparece como uno de los nombres grandes en el negocio del papel higiénico. En 1932 la depresión obliga a los fabricantes a repensar su estrategia de ventas. La marca Charmin se aventura e introduce el paquete económico de sólo cuatro rollos. Pero, quizás, el gran reto para la tecnología del papel higiénico fue por largo tiempo el de lograr una fibra más "gentil" al tacto.

En este sentido, la introducción del papel de dos capas en 1942 por parte de la empresa St Andrew, en el Reino Unido, fue un avance notable. La importancia del papel de baño para el hombre moderno fue reconocida, de algún modo, en 1944, cuando el gobierno de EE.UU. distinguió a una de las fabricantes, Kimberly-Clark por sus "heroicos esfuerzos" en el suministro del producto a los combatientes durante la II Guerra Mundial.

Hoy los papeles de baño hay de todos los colores, texturas y empaques. Y aunque de tanto en tanto algún fabricante sorprende, parece que la evolución del rollo ha tocado techo. Inventores japoneses se aventuraron y amenazan ahora con convertirlo en una especie en vías de extinción: en 1999 se dio a conocer el "inodoro sin papel", un aparato que lava, enjuaga y seca las partes del usuario automáticamente. Te pregunto, ¿Qué es todo esto? Aventura, aventura a algo mejor. Ya sea por necesidad, crisis o curiosidad la aventura en función.

## La aventura verdadera nace de la Reflexión

La verdad es que he descubierto que la aventura nace en la mente y tiene un poder que pocos le dan crédito. Lo que muchos le llaman mente genial, atrevida, diferente o un loco es en realidad el espíritu de aventurero en mi biblioteca. La mayoría de los grandes aventureros son personas que se hunden en la reflexión selectiva. Estos son los que han hecho historia en nuestra sociedad en mil y una de cosas.

De este concepto Julio Verne dijo: "Qué gran libro se podría escribir con lo que se sabe. ¡Otro mucho mayor se escribiría con lo que no se sabe!" Estas palabras surgieron de una reflexión seria y profunda.

La conformidad, estar satisfechos con los logros es muy peligroso pues nos aleja de ser una bendición y recibirlas. La conformidad ha hecho perder grandes hombres, empresarios, políticos, como también a las empresas y sociedades. Lo dijo (Juan Benet.) "Vivir satisfecho de uno mismo ha de ser muy aburrido, por eso no hay mejor cosa que meterse en aventuras." Te dan vida y poder para empezar de nuevo, continuar en algo ya empezado, o terminar con más sabiduría engendrada por aventuras nuevas.

La frase que más me fascina y que me hizo escribir este capítulo es la de (Joseph Conrad) al reflexionar, dijo: "Creí que era una aventura y en realidad era la vida." La más grande aventura es nuestra existencia, es la vida, es el poder que todos tenemos, es la mente, es la voluntad, es la elección, es la decisión, es la alegría, son las ideas, los pensamientos, son el placer, son todo lo que sería considerado una locura – son todo lo que forma la vida, pensamientos, deseos, experiencias, eventos, incidentes son todo lo que jamás habías imaginado y lo más lindo, está en ti y la encuentras bajo la reflexión si te das el tiempo de buscarla.

Todos somos artistas, todos podemos crear algo, producir algo, realizar algo que nos haga feliz, haciendo felices a otros. "Cada producción de un artista debe ser la expresión de una aventura de su alma." (William Somerset Maugham.) En verdad si no cambiamos de conceptos somos los más grandes enemigos de nuestro propio potencial.

Sepamos que la lógica muchas veces es el obstáculo más grande a nuevas aventuras. Nuevos pensamientos y proyectos. En verdad tu conocimiento de algo, es pasado y debes ver si no te esclavizó la lógica. "Y cortar las amarras lógicas, ¿No implica la única y verdadera posibilidad de aventura?" (Oliverio Girondo.) Muchos por caminar con la masa que le encanta lo popular, común, y convencional ha perdido grandes oportunidades y solo nos sumergimos a la voluntad de otros. La reflexión sabe pagar, úsala.

Su nombre es (Jim Rohn) creció en un rancho en Caldwall Idaho estudió la secundaria, asistió un año de colegio, finalmente desertó. A los 25 trabajaba en Sears pero el dinero ganado no era suficiente para cubrir sus necesidades. Conoció en una presentación a John Earl Shoaff quien lo impactó con su testimonio, seminario y logros económicos como su filosofía de la vida. Esto lo llevó a una seria reflexión y desde ese día se propuso lograr éxito con lo aprendido. Se unió a la empresa de nutrición llamada AbundaVita en 1955 y llegó a ser millonario a los 31 años de edad como él cuenta en sus libros, audio libros y seminarios.

Un día un amigo le pidió que viniera y diera una charla sobre "de harapos a riquezas" así lo hizo y allí nació un orador que lo llevó a comenzar un nuevo trabajo que llenó su agenda hasta su muerte en el 2009. Personas que le dan crédito a este gran mentor son Tony Robbins quien trabajó con él en los años 70. Autores como Mark Victor Hansen and Jack Canfield (Chicken Soup book series), autor/orador Brian Tracy, T. Harv Eker, author/maestro Vincent's Genesius Evans, de Indonesia.

## Busca nuevos caminos

La ambición es buena y la aventura le abre la puerta. *"Deseo que su ambición sea una ambición santificada de modo que los ángeles de Dios puedan inspirar su corazón con santo celo, llevándolo a avanzar constante y firmemente y hacer de usted una luz brillante y resplandeciente.* Sus facultades de percepción aumentarán en poder y solidez si su ser entero -cuerpo, alma y espíritu- se consagran a la realización de una tarea santa. Haga todo esfuerzo, en la gracia de Cristo y por medio de ella, para alcanzar la alta norma puesta delante de usted. Usted puede ser perfecto en su esfera como Dios es perfecto en la de Él. No declaró Cristo: "Sed, pues, vosotros perfectos, como vuestro Padre que está en los cielos es perfecto" (Mente Carácter y Personalidad tomo 1 pg. 107.)

Este nuevo paradigma te reta a cambiar de concepto de lo que es aventura – porque es tu vida. Medítalo eres una aventura permitido por la providencia. Es un poder que está en tu mente, en tus decisiones, en tus manos. El único que no lo deja ver y ser visto eres tú. Que la aventura sea un rio en nuestro cerebro, nos llevará a mares que aún desconocemos.

Escucha las siguientes palabras: "El más libre de todos los hombres es aquel que puede ser libre dentro de la esclavitud." (Fénelon.) No hay barreras para la aventura con propósito, pues siempre está en busca de nuevas maneras de pensar, en nuevos caminos para recorrer y si no te gusta lo que tienes cambia de rumbo.

He aprendido la aventura tiene poder cuando está fuera de lo común, tiene vida cuando se avanza a lo desconocido. Es un manantial de posibilidades cuando se la suelta y los resultados son maravillosos. "Aventurarse en lo desconocido, a un camino o proceso no recorrido con una actitud ilusionada y fuerte." (Francisco Javier Sáenz De Oiza.)

Isaac Newton matemático de origen inglés, científico, físico, filósofo, alquimista y no sé qué de muchas otras cosas, fue autor de las primeras leyes de gravitación universal y lo más interesante *es que todo ocurrió gracias a que un día mientras meditaba debajo de un árbol una manzana le cayó en la cabeza.* Este es el poder que tiene la aventura, produce algo. También estableció las leyes de la mecánica básica y trabajos sobre la luz y la naturaleza, entre otras cosas menos relevantes. A veces es calificado como el mejor científico de la historia, sin despreciar a los estadounidenses. Todo es posible cuando no se tiene miedo a lo nuevo, raro, misterioso, la aventura tiene poder de crear nuevos pensamientos, ideas y cosas así lo dicta la ley de la aventura.

La aventura es un placer mental, ese de soñar, de pensar, de meditar, de reflexionar – todo esto debe brindar placer a la mente, es la 'UU', universidad universal que provee el orgullo de estar vivo, de poder ser alguien, de lograr ese algo soñado. Sin embargo para la mayoría es algo raro, es algo de poca importancia y en casos es condenado porque la mayoría solo lo usa erradamente como algo inmoral. Bertrand Russell dijo sobre el asunto. *"Se dirá que el placer de la aventura mental es raro, que pocos pueden apreciarlo y que la educación ordinaria no tiene en cuenta un bien tan aristocrático. Yo no lo creo. El placer de la aventura mental es mucho más común en el joven que en los hombres y mujeres mayores... Es raro en la vida adulta porque se hace todo lo posible por matarlo mientras dura la educación."*

"No son las capacidades que poseéis hoy, o las que tendréis en lo futuro, las que os darán éxito. Es lo que el Señor puede hacer por vosotros. Necesitamos tener una confianza mucho menor en lo que el hombre puede hacer, y una confianza mucho mayor en lo que Dios puede hacer por cada alma que cree. *Él anhela que extendáis hacia Él la mano de la fe. Anhela que esperéis grandes cosas de Él. Anhela daros inteligencia así en las cosas materiales como en las espirituales. Él puede aguzar el intelecto. Puede impartir tacto y habilidad. Emplead vuestros talentos en el trabajo; pedid a Dios sabiduría, y os será dada."* (Lecciones Prácticas del Gran Maestro, pág. 133.)

Te propongo cambiar de mentalidad y mira la aventura como un tesoro que el cielo abre ante ti, Él se encargará de tus nuevas ideas, tus nuevos libros, de tus nuevas tareas. Ella tiene el poder de las tres R - *r*enacerte, de *r*enovarte, de *r*ecrearte. El consejo entonces es que, "Seamos ese pedazo de cielo, ese trozo en que pasa la aventura misteriosa, la aventura del planeta que estalla en pétalos de sueño." (Vicente Huidobro.) Te imaginas ser un pedazo de cielo en la tierra. Mi pregunta es ¿qué requerirá para lograrlo?, tal vez en tu caso o el mío la aventura es encontrarte con el cielo aquí en la tierra para verlo.

Una persona ciega y exitosa notemos lo que dijo: "La vida o es una aventura atrevida o no es nada." (Helen Keller.) Otra cosa de la aventura no es realista para los demás pero ella tiene el poder de hacer realidad, en verdad todos la vivimos sin reconocerla desde que nacemos. Ella está allí y puede hacernos crecer si la dejamos vivir con nosotros.

No se tu pero he aprendido que vivir requiere aventura, **ella abre un destino original a cada alma**, un propósito con vida, un nuevo mundo a tu mundo actual. "Estar en medio de la vida requiere de aventura." (Carolyn Heilbrun.) Todo en realidad se encierra en una nueva aventura, no es lo que te dicen que es, es lo que tú dices que es, pues ella en tus manos se encargará de lo demás.

"Para el filósofo, la muerte no es más que la siguiente gran aventura." (Joanne Kathleen Rowling.) En breve los que quieren cambiar de vida deben aventurarse a la educación de nuevos conceptos. Los que quieren cambiar de carácter deben aventurarse a la información de nuevos hábitos, los que quieran cambiar su manera de pensar deben aventurar en busca de nuevas cosas para su mente. Todos los que desean nuevos logros un poquito de aventura les llevará a grandes logros, metas y realidades.

El ser que ve en la vida obstáculos como problemas resueltos, "La aventura pende del cuello de su rival." (Paul Éluard.) Los obstáculos, los problemas, la crisis son en sí rivales vencidos pero muy productivos.

"Todo ser que haya vivido la aventura humana, vive en mí."(Marguerite Yourcenar.) La aventura no es ignorante ni mucho menos imprudente cuando madura. Ella se llena de la sabiduría de otros que ya triunfaron. Ella modela a los triunfadores, ella sigue las huellas de los que ya aventuraron. Por eso es que, "todo ser que haya vivido la aventura humana, vive en mí."

"¡Tú, tú, tú, mi incesante primavera profunda mi río de verdor agudo y aventura!" (Jorge Guillén.) La verdad es que nadie más que tú elegís la aventura que tú quieres, ella será lo que tú quieras que sea. No hay poder que resista en esta tierra a un verdadero aventurero. Allí está la nueva personalidad, carácter y mente. Allí está la nueva empresa, la nueva canción, el nuevo libro, allí está el nuevo pastel, las nuevas modas, estilos, negocios, estrategias. La aventura es el centro de tus nuevas oportunidades como primavera, un río que trae nuevas verdades, un verdor con nuevos planteamientos y agudos pensamientos con pies de éxito.

Recuerda que: "La aventura podrá ser loca, pero el aventurero ha de ser cuerdo." (Gilbert Keith Chesterton.) La aventura en si tiene la capacidad de llevarte a donde tú quieras por medio de locuras para el público pero con toda lógica que tu tengas, pero también si no escoges bien te puede destruir, así que mantenernos cuerdos siempre con la magia de la locura es lo que te dará puertas abiertas para salir a probar, apostar, presentar, iniciar y producir un nuevo concepto, nuevo servicio, un nuevo producto, una nueva posibilidad, oportunidad y porque no una personalidad, etc.

## Siempre engendra vida

"De aquellos que creen en la Palabra de Dios, se exige la más alta y santificada ambición." (Mente Carácter y Personalidad tomo 1 pg. 106.) Yo tomo más esta lectura como una demande a mi vida que una información. Tiene el poder de despertar un espíritu nuevo dentro de mí. Me hace pensar, soñar y nuevamente suspirar con la responsabilidad que todo ser humano tiene, producir una bendición a la humanidad.

La aventura nos ha acompañado desde nuestra niñez no es algo celestial e imposible de lograr, es de esta tierra, ella es el poder que te da poder para engendrar algo nuevo en tu vida o te sumerge otra vez a un nuevo proyecto. El problema es que como es un recurso natural como siempre ignoramos su valor, su poder y así nos hundimos en el común de la vida, en lo que mata su existencia – la rutina. Démosle al poder de la aventura el valor de recrearnos otra vez.

(Jostein Gaarder) dijo: "Sentí deseos de intentar que las personas prestaran atención a esta extraordinaria aventura por la que pasamos demasiado fugazmente: el grandioso misterio de la vida. Para experimentarlo, tal vez necesitemos volver a ser niños. Debemos despojarnos de nuestras costumbres mundanas y actuar como niños." Allí donde no hay prejuicios, donde no hay conformidad es donde hay abundancia de aventura. ¿Eres tú un aventurero?

En la aventura hay poder y es vida pero también hunde en el escombro de la educación convencional a los universitarios, profesionales, comerciantes, políticos, religiosos, ministros, personas de estado porque ellos se vuelven conformistas, además lo vuelven todo complicado cuando es tan simple y sencillo como respirar. Bien lo dijo (Jean Rostand) "Este grave filósofo sabe bien que la vida es una despreciable farsa; pero este bufón no duda de encontrar en ella una grandiosa aventura." Es vida y está a la mano de todos pero solo unos cuantos aprenden dejar enseñarse por ella y lo peor es que es por medio de personas jamás esperadas.

Galileo un gran aventurero, curioso y determinado a dejar legado se cuenta que como vendedor de pizza en sus ratos libres se aventuró a mejorar y mejoró y aumentó la capacidad de los telescopios, viendo quién ordenaba la pizza y servirla a domicilio. La aventura nunca te deja ocioso, nunca deja morir solo da vida, puedes usarla en cualquier lugar, momento y circunstancia, no cuesta nada es gratis, y es parte del Código de Toda Posibilidad.

"Y en cuanto a las posibilidades de la vida, ¿quién es capaz de decidir cuál es grande y cuál pequeña? ¡Cuántos obreros que ocupan lugares humildes en la vida, al crear factores de bendición para el mundo, han logrado resultados que los reyes envidiarían!" (La Educación pg. 266.) Todo es posible, todo es creable, todo puede ser si tan solo le das lugar a la aventura.

Los que están muertos en vida son los que solo murmuran, tienen mentes pero solo piensan el problema, tienen ojos pero solo ven obstáculos, tienen oídos pero solo aceptan lo que otros dicen mal de ellos o su propio juicio prejuiciado. Tienen posibilidades pero solo se ven imposibles de lograr nuevas cosas. Así que, "El que no sabe gozar de la aventura cuando le viene, no se debe quejar si se le pasa." (Miguel De Cervantes Saavedra.)

En breve el poder de la aventura escogida, es la que te hace ser mejor, es la que desarrolla en ti una mentalidad diferente, eleva tus principios, eleva tus valores. Es la que te lleva a brindar valor y servicio a la humanidad para ser mejor. Es la que encuentra la felicidad, la paz y amor. Es la que te da vida para seguir viviendo y compartirla. Por eso, "Las aventuras verdaderamente grandes son aquellas que mejoran el alma de quien las vive." (Alejandro Dolina.)

"Todo curso de acción tiene un doble carácter e importancia. Es virtuoso o malo, correcto o erróneo, de acuerdo con el motivo que lo impela. La frecuente repetición de un hábito erróneo deja una impresión permanente en la mente del que lo ejecuta y también en la mente de los que están relacionados con él en alguna manera, ya sea espiritual o temporal." (Mente Carácter y Personalidad tomo1 pg. 355.)

Aquí el individuo nace de nuevo, busca nuevas alternativas para sus ya pensados pensamientos, sus ya actuadas ideas y sus ya movilizados deseos. Esta ley se llama - el poder de la aventura porque ahora ya no piensas al azar, sino que usa cualquier momento para pensar, intencionalmente y busca nuevas ideas. En si se aventura por voluntad propia a investigar, intentar y provocar nuevas y más grandes cosas, formas, imágenes, proyectos, visiones, misiones y objetivos que lo hacen capaz de ir más lejos. La aventura solo puede elevar cuando se tiene un propósito resuelto si no me crees investiga la vida de Cristóbal Colón, Hernán Cortéz y Bolívar.

He descubierto que como se nos ha enseñado que debes estudiar, buscar un gran empleo y respetar a lo convencional, los momentos de importancia en la vida, los incidentes, el pensar, las ideas pasan por alto y no se le da cabida en un mundo tan exigente de todos menos de sí mismo. Por eso la verdad es que: **"El azar es muy difícil de lograr. La organización siempre se vuelve a fusionar si no prestas atención"** (Ciencia del sueño, Cine.)

De igual manera es irónico que lo que hoy es éxito y se ha vuelto clásico no dejan pensar en algo más y se creen realizados y triunfados que se quedan estancados. (John Dewey) nos dijo sobre el tema: "Cuando lo "clásico" se produjo llevaba las señales de la aventura. Este hecho lo ignoran los clasicistas con su protesta contra los románticos que emprenden el desarrollo de nuevos valores, con frecuencia sin poseer los medios para su creación. Lo que es clásico ahora lo es a causa de la perfección de la aventura y no por su ausencia." -

Sabes he descubierto que la aventura verdadera y con objetivo es un nuevo concepto, una nueva oportunidad en realidad es una nueva universidad personal, algo diferente, un nuevo laboratorio y todo viene a ser un nuevo libro de texto a leer. "Si tu mente no está atestada de un farrago inútil, la vida maravillosa se abre ante ti." (Wu Men Kuan.) En todo ve una gran posibilidad, una gran oportunidad de aportar para el bien de la humanidad. Que ley más poderosa es el poder de la aventura para todo ser humano que ya sabe que tiene el potencial de cambiar su vida "aventurándose", así puede ayudar a otros y bendecir a toda la humanidad con una mente creativa y poderosa por naturaleza, la sociedad nos necesita.

### La aventura usa la educación:

La educación que viene de arriba, la educación buscada para bendecir y producir nuevas formas, conceptos, ideas y bendiciones a la humanidad son las que la aventura verdadera buscará siempre y jamás deja de dar resultados a sus poseedores.

"La mente humana es capaz del cultivo más elevado. Una vida dedicada a Dios no debiera ser una vida de ignorancia. Muchos hablan en contra de la educación porque Jesús escogió pescadores sin educación para predicar su Evangelio. Aseguran que mostró una preferencia por los que no tenían educación. Muchos hombres educados y honorables creyeron en sus enseñanzas. Si éstos hubieran obedecido sin temor a las convicciones de sus conciencias, hubieran seguido a Cristo. Sus capacidades hubieran sido aceptadas y empleadas en el servicio de Cristo si se las hubieran ofrecido. Pero no tuvieron el poder moral de confesar a Cristo, de arriesgar su reputación al relacionarse con el humilde Galileo, frente a los ceñudos sacerdotes y celosos gobernantes..."

"Jesús no despreció la educación. El cultivo más elevado de la mente, si es santificado por medio del amor y del temor de Dios, recibe su total aprobación. Los humildes hombres escogidos por Cristo estuvieron tres años con Él, sujetos a la influencia refinadora de la Majestad de los cielos. Cristo fue el mayor educador que este mundo alguna vez conoció."

"Dios aceptará a los jóvenes con sus talentos y la riqueza de sus afectos si ellos se consagran a Él. Pueden alcanzar la cima más elevada de la grandeza intelectual; y si están equilibrados por los principios religiosos, pueden llevar adelante la obra que Cristo vino del cielo para realizar, y al hacerlo, llegar a ser colaboradores con el Maestro." (Mente Carácter y Personalidad tomo 1 pg. 369,370.)

La historia de Bill Gates nos demuestra esta gran verdad. Él nació en una familia acomodada que le proporcionó una educación en centros de elite como la Escuela de Lakeside (1967-73) y la Universidad de Harvard (1973-77). Siempre en colaboración con su amigo Paul Allen, se introdujo en el mundo de la informática formando un pequeño equipo dedicado a la realización de programas que vendían a empresas o Administraciones públicas.

En 1975 se aventuró y se trasladaron a Alburquerque (Nuevo México) para trabajar suministrando a la compañía MITS programas susceptibles de ser utilizados con el primer microordenador, el Altair. En 1976 la aventura creció y decidieron fundar en Alburquerque su propia empresa de producción de *software* informático, Microsoft Corporation, con Bill Gates como presidente y director general; su negocio consistía en elaborar programas adaptados a las necesidades de los nuevos microordenadores y ofrecérselos a las empresas fabricantes más baratos que si los hubieran desarrollado ellas mismas.

En 1979 Microsoft comenzó a crecer (16 empleados), bajo el espíritu de aventura inteligente Bill Gates decidió trasladar su sede a Seattle. La expansión posterior fue espectacular: en 1980 llegó a un acuerdo con IBM para suministrarle un sistema operativo adaptado a sus nuevos ordenadores personales, el MS-DOS, que desde 1981 iría instalado en todos los ordenadores de la marca; la posterior imitación del sistema IBM-PC por los ordenadores «compatibles» de las demás marcas generalizó el uso del DOS de Microsoft como soporte de todos los programas de aplicación concretos. Volcado en un proceso de innovación tecnológica acelerada, en 1983 Gates volvió a revolucionar la informática personal con la introducción del «ratón» y de un nuevo interfaz gráfico llamado a sustituir al DOS (el *Windows*); en aquel mismo año fue cuando Allen dejó Microsoft, aquejado de una grave enfermedad.

Cuando, en 1986, Microsoft salió a la Bolsa, las acciones se cotizaron tan altas que Bill Gates se convirtió en el hombre más rico de Estados Unidos. Desde entonces, el negocio no ha cesado de crecer (de los 1.200 empleados que tenía en 1986 hasta más de 20.000 en 1996), obteniendo un virtual monopolio del mercado del *software* mundial (reforzado por su victoria en el pleito contra Apple en 1992); y han seguido llegando innovaciones como las nuevas versiones *Windows 3.0* (muy bien recibida por los usuarios), *Windows 95* (en cuya campaña de promoción a escala mundial asumió el propio Gates el papel de profeta de la sociedad cibernética como personificación de Microsoft), *Windows 98* y las sucesivas versiones de este sistema operativo.

Desde 1993 embarcó a la compañía en la promoción de los soportes multimedia, especialmente en el ámbito educativo. El talento de Gates se ha reflejado en múltiples programas informáticos, cuyo uso se ha difundido por todo el mundo como lenguajes básicos de los ordenadores personales; pero también en el éxito de una empresa flexible y competitiva, gestionada con criterios heterodoxos y con una atención especial a la selección y motivación del personal.

Su rápido enriquecimiento ha ido acompañado de un discurso visionario y optimista sobre un futuro transformado por la penetración de los ordenadores en todas las facetas de la vida cotidiana, respondiendo al sueño de introducir un ordenador personal en cada casa y en cada puesto de trabajo; este discurso, que alienta una actitud positiva ante los grandes cambios sociales de nuestra época, goza de gran audiencia entre los jóvenes de todo el mundo por proceder del hombre que simboliza el éxito material basado en el empleo de la inteligencia (su libro *The Road Ahead* fue uno de los más vendidos en 1995).

Las aventuras de un joven son hoy innovaciones que han contribuido a la rápida difusión del uso de la informática personal, produciendo una innovación técnica trascendental en las formas de producir, transmitir y consumir la información. El presidente Bush reconoció la importancia de la obra de Gates otorgándole la Medalla Nacional de Tecnología en 1992. En verdad mucho más se puede decir y se escribirá de este hombre, pero no dejaremos de recalcar que el que tiene y sabe usar la educación bajo el poder de la aventura le espera un mundo de oportunidades y posibilidades que aún no se ha imaginado.

Una persona **verdaderamente aventurera** es una persona educada, es una persona intelectual, es inteligente, es un genio, es una biblioteca. La aventura no importa de quien se trate tiene el poder te hacerte nacer, recrearte o formarte. Solo invítala y ella hará presencia.

# El Código De Toda Posibilidad 15

"El hombre es sabio en proporción no de sus experiencias, sino de su capacidad de experimentar." (George Bernard Shaw)

De seguro hasta aquí te has preguntado cuál es el "Código de Toda Posibilidad" si aún no lo has descubierto te lo diré. Un código según el diccionario de la lengua española es:

1. Conjunto de normas legales sistemáticas que regulan unitariamente una materia determinada.

2. Recopilación sistemática de diversas leyes.

3. Cifra para formular y comprender mensajes secretos.

4. Libro que la contiene.

5. Combinación de signos que tiene un determinado valor dentro de un sistema establecido.

6. Sistema de signos y de reglas que permite formular y comprender un mensaje.

7. Conjunto de reglas o preceptos sobre cualquier materia.

En conclusión *"El Código De Toda Posibilidad"* en este libro se descubre cuando tú sabes que tienes **una mente capaz de todo**, aceptas que tienes **un poder extra natural en tu mente para hacer todo** lo que tú quieras y **decides utilizar el potencial** que tienes *en tu propia* mente. Se activa el código al saber que tienes la bendición de una mente que todo lo puede. La gran posibilidad de todo lo que pienses y quieres nace en el momento que tu mente de verdad lo acepta. Pero el Código De Toda Posibilidad radica en la sencilla verdad que si *se utiliza este poder todo es posible*.

El código descubierto es saber que *todos tenemos el poder* de todo lo que se quiera, desee y aspire. Nada, nada es imposible. Algunos dicen que lo único que no se puede evitar es la muerte. Opino diferente pues creo en el poder que si se quiere puedes evitarla y lograr vida para siempre. El Sagrado libro nos dice "Porque en el Evangelio la justicia que viene de Dios se revela de fe en fe, como está escrito: "El justo vivirá por la fe"." Este tipo de vida que promete este libro es vida de verdad y eterna. La fe tiene la última palabra, pero repito esa es fe. El libro Sagrado habla de gente que quiso, deseó y logró no morir, el primero se llama Enoc, el segundo se llama Elías y el tercero Moisés murió pero su fe en el poder del Infinito le dio otra oportunidad y venció la muerte y todos ellos están en lugares superiores a las terrenas. Se reafirma, "Jesús respondió: "Yo Soy la resurrección y la vida. El que cree en mí, aunque muera, vivirá." (San Juan 11:25.) Este código tiene poder si se cree, si se espera y si se busca aún la muerte puede ser vencida.

El código de este libro entonces radica, está y se encuentra en el *conjunto de normas legales sistemáticas* **(este libro) que regulan unitariamente una materia determinada (el poder de hacer todo lo que se quiera),** *la recopilación sistemática* **de diversas leyes (este libro señalando los poderes en el hombre, leyes inéditas).** *Cifra para formular y comprender mensajes secretos (El código de toda posibilidad no conocida por todos es secreto hasta que se conoce o reconoce).* **Libro** *que la contiene, este.* *Combinación de signos que tiene un determinado valor* **dentro de un sistema establecido (los poderes del ser humano bajo el control de la mente).** *Sistema de signos y de reglas que permite formular y comprender un mensaje (el libro del Código De Toda Posibilidad). Conjunto de reglas o preceptos sobre cualquier materia (este libro que muestra el poder de la mente y grandes posibilidades si el individuo piensa, idea y quiere).*

Este libro te ha presentado *El código* que demuestra que todo ser humano tiene el poder de llevarle a otro mundo si lo quiere, crear su propio mundo si quiere o bendecir con sus logros a este mundo si desea. Al final el mejor mundo es el creado en la mente, por la mente y de la mente, ese no solo te da grandes dividendos sino es el que te hace feliz. Las oportunidades y posibilidades son posibles si entiendes y aplicas la fórmula del concepto de este libro que reza así, "saber, aceptar y utilizar", el poder de tu propia mente.

Si sabes, aceptas y utilizas el conjunto de poderes tal y como fueron revelados y expuestos en el código de toda posibilidad apenas acabas de nacer, si ya lo sabias puedes mejorar y buscar algo más grande. Si sabias y no lo has hecho, hoy es tu oportunidad y punto de posibilidad de recrearte a tu gusto, deseo, pensamiento y el límite solo es el cielo, el océano, la tierra y si no sabes detenerte Dios te espera con posibilidades como el número de las estrellas en las galaxias ya conocidas y aun las que están por conocerse.

El código descrito de Toda Posibilidad la conocimos al analizar:

- La Capacidad Inaplicada - Descubrir *el secreto* el campo de todo logro humano que la mayoría no ha usado.
- Otro paradigma – *Saber que Tenemos el poder* de cambiar nuestro estado mental y así nuestra visión y misión en la vida.
- El poder de la mente. *Descubrir la fuente del poder que Todo lo puede*, no hay nada que le obstaculice más que el mismo ser humano.
- El poder del pensamiento. Código número Uno -Todo empieza con un pensamiento.
- El poder de las preguntas. Código número dos - Las preguntas uno de los mejores caminos para someternos al mundo de los pensamientos, para recrearnos.
- El poder de la idea. Código número tres - La cuna de todo lo concebible, deseo y aspiración.

- El poder del deseo. Código número cuatro - La energía que todo lo puede.
- El poder de la acción. Código número cinco - La energía que todo lo encamina a un destino.
- El poder de la voluntad. Código número seis - La energía que todo lo lleva a producir.
- El poder de la elección. Código número siete – Nadie más que uno es el ingeniero de su propio destino.
- El poder de la decisión. Código número ocho - Todo empieza con una decisión, está en nuestro poder, poder de triunfar o fracasar.
- El poder de la determinación. Código número nueve - El mejor poder en los cruciales momentos.
- La Aventura – Código número diez - El poder de comenzar de nuevo o recrearte, renacer por tu propia voluntad e iniciativa.

Sé que le podríamos agregar o quitar a esta lista, sin embargo este es el sistema universal que gobierna al humano por naturaleza Divina, además analizando la vida, historia y crónicas de hombres y mujeres es confirmado que este es El Código De Toda Posibilidad que ha abierto las puertas a millones de personas en la vida personal, familiar, social y religioso, es un sistema ya establecido en todo ser humano, solo basta verlo en la historia.

**"Nada grandioso jamás ha sido logrado excepto por aquellos que quisieron creer que algo en ellos era superior a las circunstancias." (Bruce Barton.)**

La oportunidad, posibilidad se nos abre ahora a nosotros y de ello depende el éxito o fracaso del futuro de nuestra vida, familia y sociedad. Medita, piensa y utiliza la siguiente información para que seas lo que tú quieras ahora que conoces el Código De Toda Posibilidad.

Como mujer puedes ser lo que tú decidas ser, aquí están algunos ejemplos. Escoge y forma tu propio destino y pon tu nombre en la lista.

**Devora,** reconocida en la Biblia por su valor, audacia y capacidad de dirigir a toda una nación cuando los hombres tuvieron la capacidad de tomar liderazgo.

**Ester,** mujer que a pesar de ser huérfana, pobre pudo aprovechar lo que tenía, belleza y capacidad de discernir la oportunidad que el cielo le dio de ser reina en un tiempo de crisis para su raza. Libertó a su pueblo poniendo en juego su reputación, vida y reino.

**María,** madre de Jesús el hijo de Dios. A los 15 años de edad por amor a Dios no le importó ser mal juzgada por la sociedad de su tiempo al salir embarazada del niño Jesús.

**Cleopatra VII, reina:** Cleopatra Filopator Nea Thea (69-30 a. C.) heredó de su padre el trono de Egipto. Sus amores con Julio César y Marco Antonio la convirtieron en una de las soberanas con más poder de la antigüedad contra todo lo que comúnmente era aceptado que la mujer no tiene capacidad y poder para lograr algo en la vida.

**Juana de Arco, heroína:** La combatiente francés (1412-1431) asumió el mando del ejército real galo en varias batallas durante el reinado de Carlos VII. El Papa Benedicto XV la nombró santa en 1920 aunque antes de este distinguido título por sus convicciones murió en la hoguera acusada de herejía.

**Emilia Pardo Bazán, escritora:** De la pluma de esta autora coruñesa (1851-1921) surgieron ensayos, críticas, piezas periodísticas y, sobre todo, novelas. Por títulos como *Los pazos de Ulloa* se la considera introductora del naturalismo en España.

**Maria Curie, científica:** María Sklodowska (1867-1934) tomó el apellido de su marido, Pierre Curie. Por su nación de origen,

Polonia, dio nombre a un elemento químico. Pionera en el estudio de la radiactividad, obtuvo dos premios Nobel.

**Mata Hari, espía:** Margaretha Geertruida Zelle (1876-1917) se sirvió de su capacidad de seducción para trabajar como espía de los franceses para el Gobierno alemán. Un tribunal francés ordenó que muriera fusilada por alta traición.

**Virginia Woolf, escritora:** Por la vivienda londinense de Bloomsbury de esta novelista (1882-1941) pasaron autores como J. M. Keynes y E. M. Foster. La autora de Las olas se suicidó ahogándose por miedo a una incipiente locura.

**Dolores Ibárruri, política:** La Pasionaria (1895-1989) militó en el Partido Socialista Obrero Español antes de pasar a formar parte del Partido Comunista. Es famosa su frase "¡No pasarán!", en referencia a las tropas franquistas.

**Frida Kahlo, pintora:** Un accidente que la obligó a llevar corsé hizo que esta mexicana (1907-1954) se iniciara en la pintura, trabajo por el cual conoció al que fue su marido, Diego Rivera. Pintó sobre todo autorretratos de tinte surrealista.

**Teresa de Calcuta, misionera:** Gonxha Agnes (1910-1997) fundó la congregación Misioneras de la Caridad para ayudar a los pobres. Dos años después de su muerte, Juan Pablo II abrió la causa de su canonización. Recibió el **Nobel de la Paz** en 1979.

**María Callas, soprano:** Está considerada una de las mejores sopranos de todos los tiempos (1923-1977). Trabajó con los más importantes directores de escena y orquesta del mundo. Su éxito profesional fue parejo a una convulsa vida personal.

**Edith Piaf, cantante:** Criada por su abuela, que regentaba una casa de prostitutas, Edith (1915-1963) reveló su talento y su gran voz en las canciones populares que cantaba en las calles junto con su padre, Louis A. Gassion.

**Indira Gandhi, política:** Hija de Jawaharlal Nehru, el primer ministro de la India, fue Primera Ministra de su país en dos ocasiones hasta su asesinato en Octubre de 1934. Estratega y pensadora política brillante.

**Evita Perón, política:** Marcada por una niñez en el campo e hija no reconocida, Eva (1919-1952) trabajó como actriz, modelo y locutora y se casó con el presidente argentino Perón. Luchó por los derechos de los trabajadores y de la mujer.

**Carmen Martín Gaite, escritora:** Esta salmantina (1925-2000) fue la primera mujer galardonada con el Premio Nacional de Literatura. También recibió el Nadal (por la novela *Entre visillos*) y el Príncipe de Asturias, entre otras condecoraciones.

**Marilyn Monroe, actriz:** Norma Jean Mortenson (1926-1962) protagonizó clásicos como Con faldas y a lo loco, pero sobre todo fue un mito erótico del siglo xx. Se dice que tuvo un romance con los hermanos Robert y John F. Kennedy.

**Grace Kelly, actriz:** Esta estadounidense (1929-1982) abandonó su carrera como estrella del celuloide para casarse, en 1956, con el príncipe Rainiero de Mónaco. Murió en accidente de tráfico cuando viajaba con su hija Estefanía.

**Pilar Miró, cineasta:** Licenciada en Periodismo y Derecho y graduada en Cinematografía, esta madrileña (1940-1997) comenzó su carrera profesional en Televisión Española. En cine dirigió *Beltenebros*, "*El perro del hortelano…*"

**Benazir Bhutto, política:** Líder del Partido Popular de Pakistán (1953-2007), fue la primera mujer que ocupó el cargo de primer ministro de un país musulmán. Dirigió Pakistán en dos ocasiones. Fue asesinada en plena campaña política.

**Diana de Gales, princesa:** Conocida como la princesa del pueblo (1961-1997) por su actitud solidaria con los más desfavorecidos, estuvo casada con Carlos de Inglaterra, con quien tuvo a los príncipes Guillermo y Enrique. - Publicado en: 20 minutos.

Sé un joven emprendedor, rico, famoso, aquí te doy una lista de los más jóvenes millonarios del mundo. Tú puedes también si quieres, si lo buscas, si lo deseas en verdad. Forbes nos da la siguiente lista.

### El creador de la red social más popular:

Curiosamente, el número uno pertenece al primer grupo, con una fortuna de 4.000 millones de dólares -casi 3.000 millones de euros-. Mark Zuckerberg nació en 1984 en Nueva York y revolucionó las relaciones sociales en Internet *desde su habitación en Harvard* hace seis años con la creación de Facebook. La red social más popular del planeta tiene más de 400 millones de usuarios tras haber crecido un 130% en el último año.

Zuckerberg dejó los estudios y se mudó a Palo Alto (California) el mismo año en que la fundó con otros socios. En la actualidad Facebook está valorada en 14.000 millones de dólares -10.400 millones de euros- y la historia de su éxito ha inspirado incluso una película, dirigida por David Fincher y que se estrenará este año.

### Creador de la red social Gree:

En el 'top ten' de jóvenes más ricos se encuentra también el que podríamos denominar 'Zuckerberg japonés'. Se trata de Yoshikazu Tanaka, de 33 años y creador de la red social Gree, que le ha permitido acumular una fortuna de 1.400 millones de dólares - 1.000 millones de euros-. Gree permite a sus usuarios descargar juegos sociales en sus móviles *y logra sus ingresos mediante la venta de* ropa y accesorios para los avatares de los jugadores.

**El gran especulador de la energía:**

Se le conoce como el 'niño prodigio' de la energía. John Arnold, de 36 años y oriundo de Dallas, sobrevivió intacto al hundimiento de Enron, compañía a la que llegó con tan sólo 21 años para convertirse en 'trader'. En el año 2000, Arnold logró que Enron ganara 750 millones de dólares -560 millones de euros- con sus servicios.

Del gigante energético salió con la mayor prima pagada a un empleado de la empresa -ocho millones de dólares-, dinero que usó para fundar en 2002 Centaurus Energy, fondo con el que ha amasado una fortuna de 4.000 millones de dólares gracias *a sus arriesgadas apuestas sobre el precio del gas.* En 2008 logró duplicar su dinero gracias a que pudo predecir la explosión de la burbuja de los precios de la energía. *Ahora se enfrenta al reto de seguir* aumentando su riqueza en medio del endurecimiento de la regulación en EEUU.

**Estirpes de grandes fortunas:**

Frente a los casos de Zuckerberg y Arnold, que han logrado hacerse a sí mismos como dice el tópico, otros lo tuvieron más fácil. Es el caso de Yang Huiyan, que en 2007 fue la persona más rica de China con 16.200 millones de dólares -12.100 millones de euros-. La fortuna de esta china de 29 años ha menguado mucho desde entonces aunque en 2009 creció y se situó 3.400 millones de dólares -2.500 millones de euros-. Yang Huiyan estudió en EEUU *y ha logrado su dinero gracias a que su padre le traspasó las acciones de su compañía,* dedicada a la construcción, antes de que produjera una oferta pública de acciones.

Li Zhaohui

Otro chino más se encuentra en la lista, nueva muestra de la creciente pujanza del país como potencia económica mundial. Se trata de Li Zhaohui, un joven de 29 años con una riqueza valorada en 1.000 millones de dólares -750 millones de euros-. Tras la muerte en 2003 de su padre, que fue tiroteado, *se convirtió en presidente de uno de los mayores grupos privados de fabricación de hierro* en el gigante asiático. Está casado con una guapa y joven actriz china, Che Xiao.

Albert von Thurn und Taxis:

El único europeo en el 'top ten' es Albert von Thurn und Taxis, que entró ya en la Lista de Forbes con tan sólo ocho años aunque oficialmente no heredó la fortuna de sus progenitores hasta que cumplió 18. Ahora, *con 26, su riqueza asciende a 2.200 millones de dólares* -1.600 millones de euros-. Albert, que vive en un castillo, proviene de una familia que ya en el siglo XVI era clave en los servicios postales de Alemania. Actualmente, su imperio familiar incluye propiedades inmobiliarias, obras de arte, una compañía tecnológica y 30.000 hectáreas de bosque en Alemania.

Los hermanos Hariri:

Los dos hijos herederos del ex primer ministro líbano Rafiq Hariri se encuentran entre los jóvenes más ricos del mundo. Tanto Fahd, el menor, como Aymin *recibieron una parte del imperio, basado en la construcción y las telecomunicaciones*, tras la muerte de su padre en 2005.

Ambos poseen una fortuna de 1.400 millones de dólares -1.044 millones de euros-. Fahd *mantiene varios proyectos* inmobiliarios en los Emiratos Árabes Unidos mientras que su hermano mayor *preside una empresa* de 'software' en EEUU.

El hermano de ambos y primogénito de la familia, Saab Hariri, es el actual primer ministro de Líbano.

El campo de la posibilidad es grande. Puedes si quieres ser un científico, decídete aquí te doy diez nombres busca sus logros, estudia sus biografías, úsalos como ejemplo para tus propias metas:

## Los 10 científicos más importantes de la historia:

"El único más importante y poderoso camino para expandir tus entradas es diseñar un camino que consistentemente añada verdadero valor a la vida de las personas, y tu prosperarás." (Anthony Robbins.)

1.Leonardo Da Vinci, 2.Nicolás Copérnico, 3.Galileo Galilei, 4.Isaac Newton, 5.Benjamin Franklin, 6.Charles Darwin, 7.Carlos Marx, 8.Sigmund Freud, 9.Marie Curie, 10.Albert Einstein.

**Puedes ser un pintor aquí te doy nombres que puedes considerar y estudiar:**

José María Velazco, Jerardo Murillo, José Clemente Orozco, Diego Rivera, Francisco Toledo, David Alfaro Siqueiros, Joaquín Clausell, Frida Kahlo, Rufino Tamayo, Fernando Botero, Cecily Brown, Takashi Murakami, Daniel Richter, Matthhew Ritchie, Albert Oehlen.

**Sé un escritor, autor, coautor aquí te doy *mis 10 escritores favoritos*:**

John C. Maxwell, Anthony Robbins, Stephens Covey, Dale Carnegie, Carlos C. Sánchez, Miguel Ángel Cornejo, Robin S. Sharma, Napoleón Hill, John Gunther y Spencer Johnson.

"La llave a la riqueza es ser más valioso. Si tú tienes más capacidades, más habilidad, más inteligencia, conocimiento especializado, una capacidad de hacer cosas que otros no pueden, o si tu tan solo piensas creativamente y contribuyes en una escala masiva, tu puedes ganar más de lo que tu habías pensado posible." (Anthony Robbins.)

Recordemos que las ganancias no necesariamente son dinero son también fe, amor, bondad, paz, satisfacción de haber hecho algo, escrito algo, contribuido algo. Hacer sonreír a alguien, inspirar a alguien, bendecir a alguien eso también es y es de la mejor ganancia que un ser humano puede lograr.

**Sé un reformador aquí te doy nombres que te pueden inspirar:**

Martin Lutero, Wesley, Jeremías, Juan el Bautista, Tyndale, Juan Hus, Jehu, Gandhi, César Chavez,   Martin Luther King Jr.

**Puedes ser un Escritor en el campo Espiritual o religioso, te doy mis favoritos:**

David, Salomón, Moisés, El Apóstol Pablo, E.G. White, San Juan, Lutero, Waggoner, A.T. Jones, V.T. Houteff, John C. Maxwell.

**Sé un predicador, evangelista, ministro aquí tienes Los 10 predicadores más famosos en el mundo hoy día - 2011.**

1. Paul Crouch, 2. Pat Robertson, 3. Rick Warren, 4. Chuck Smith, 5. Benny Hinn, 6. Jerry Falwell 7. Oral Roberts, 8. James Swaggart, 9. Billy Graham, 10. Hal Lindsey.

**Sé un descubridor y bendice a la humanidad con tus descubrimientos:**

1. Alexander Fleming (descubre la penicilina)
2. René Favaloro (creador del ByPass)
3. Hipócrates (crea Juramento Hipocrático)
4. William Harvey (explica el sistema circulatorio y la estructura del corazón)
5. Wilhelm Röntgen (descubre los Rayos X)
6. Friedrich Miescher (descubre el ADN)
7. Sigmund Freud (crea el psicoanálisis)
8. Santiago Ramón y Cajal (morfología y procesos conectivos de las células nerviosas)

9. René Laennec (inventa el estetoscopio)
10. Alcmeón de Crotona (primera teoría natural de la enfermedad)

**Sé un poeta, aquí tienes nombres que te pueden inspirar y motivar a ser lo que quieres ser en el área de la poesía.**

Gustavo Adolfo Bécquer, (1836-1870), poeta español. Es una de las figuras más importantes del romanticismo y sus *Rimas* supusieron el punto de partida de la poesía moderna española.

Pablo Neruda *(considerado romántico por su poesía)* (1904-1973), seudónimo, luego nombre legal, de Ricardo Eliecer Neftalí Reyes Basoalto, poeta chileno, considerado uno de los más importantes del siglo XX.

William Shakespeare (1564-1616), poeta y autor teatral inglés, considerado uno de los mejores dramaturgos de la literatura universal.

Victor Marie Hugo (1802-1885), poeta, novelista y dramaturgo francés cuyas voluminosas obras constituyeron un gran impulso, quizá el mayor dado por una obra singular, al romanticismo en aquel país.

José Zorrilla, su enorme obra poética se publica en sucesivos libros que se inician con *"Poesías* en 1837" ampliado en posteriores ediciones hasta la de 1840, al que le siguen otros como los *"Cantos del Trovador)* (1840-1841), una serie de leyendas españolas escritas en verso, *"Recuerdos y Fantasías"* (1844), *"La Azucena Silvestre"* (1845) y, por último, *"El Cantar del Romero"* (1886).

*"Don Juan Tenorio,"* pero sin duda la obra a la que José Zorrilla debe su fama es a *"Don Juan Tenorio"* (1844), la obra teatral española más popular y que se sigue poniendo en escena todos los años —especialmente la noche del 1 de Noviembre— desde su estreno.

José de Espronceda (1808-1842), poeta y revolucionario español, fue un integrante de la rebelión moral y la política.

José de Larra (1809-1837), escritor romántico y periodista español famoso por sus brillantes retratos críticos de la vida y la sociedad española de su época.

**Aquí tienes otros nombres que te puede inspirar,** José María Álvarez, José Ángel Valente, Blas de Otero, Claudio Rodríguez, Carmen Conde, Antonio Machado, Luis Cernuda, José Elgarresta, Miguel Hernández, Federico García Lorca.

Los hombres que han logrado empresas, logros, sueños realizados y éxito en lo que se propusieron en la vida, aquí tienes a 10 millonarios del mundo presentados en el 2011 por Forbes. **Insisto en que te hagas un lector de biografías tiene el poder de despertar el interés y activar el poder de la mente humana.**

1. Carlos Slim Helú, magnate mexicano propietario de las principales empresas mexicanas que cotizan en bolsa encabeza la lista mundial de billonarios. Su fortuna es de 74 mil millones de USD. Su fortuna se incrementó en 20.5 mil millones de dólares en un año.

2. Bill Gates por segundo año consecutivo está en la segunda posición. Ya no es el hombre más rico del mundo porque donó el 30% de su fortuna a su fundación de caridad. Pose 56 mil millones de dólares. Su empresa, Microsoft, es la principal fabricante de software mundial.

3. Warren Buffet tiene una fortuna de 50 mil millones de USD, aumentando 3 mil millones en un año. Su actividad principal es la inversión.

4. Bernard Arnault ocupa la cuarta posición de este Ranking con una fortuna de 41 mil millones de dólares. El Señor de los lujos conserva su lugar como el hombre más rico de Europa.

Su fortuna creció 13,5 mil millones dólares por el incremento del precio de sus acciones de LVMH, gracias a la fuerte demanda de productos de lujo. También es propietario de la constructora de yates Royal Van Lent, de un hotel en Courchevel, y tiene participación en la cadena minorista francesa Carrefour y el operador turístico francés Go Voyages.

5. Larry Ellison tiene una fortuna de 39 mil quinientos millones de Dólares. Su empresa también se dedica al desarrollo de software: Oracle

6. Lakshmi Mittal, es un industrial de origen Indú. Es el director de Mittal Steel Company, la más grande productora de acero en el mundo. Fortuna de 31.1 mil millones de dólares, la cual también fue heredada, pero la ha ido incrementando.

7. Amancio Ortega, español. Propietario de la cadena de tiendas de ropa Zara. Hijo de un ferrocarrilero. Inicia a diseñar ropa hace 46 años en la sala de su casa, junto con su esposa Rosalía Mera. Su Fortuna es de 31 mil millones de dólares.

8. Eike Batista, el hombre más rico de Brasil se prepara para conquistar el mundo. Batista anunció este año la apertura de una oficina en Nueva York y su intención de listar algunas de sus empresas en la Bolsa de Valores de Londres. A través de su holding, EBX, Batista tiene el control de empresas que abarcan la minería, la construcción naval, energía, logística, turismo y entretenimiento. Después de meses de discusiones, obtuvo una victoria legal para tomar el control de minera de oro canadiense Ventana. Dos tercios de su fortuna proviene de OGX, una compañía de exploración de petróleo y gas que fundó en 2007 y se listo más tarde. Se espera que ya produzca petróleo este año. Fortuna de 30 mil millones de dólares.

9. Mukesh Ambani ocupa la posición nueve. Nacido en la India, posee la empresa bursatil más grande de ese país, la cual se dedica a la industria petroquímica. Aunque su fortuna fue

heredada, la ha ido haciendo crecer, y actualmente asciende a 27 mil millones de dólares.

10. **Christy Walton y familia.** La viuda de John Walton heredó su fortuna después de que el ex boina verde y médico que luchó en la guerra de Vietnam murió en un accidente aéreo cerca de su casa en Wyoming en el 2005. Ahora la mujer más rica del mundo, recibió un impulso más en su fortuna debido a la inversión inicial de su difunto esposo en First Solar, cuyas acciones han tenido un incremento de casi un 500% desde el año 2006 en que se hizo la oferta pública inicial. Pero su mayor fortuna proviene de sus participacion en Wal-Mart, la cadena fundada por su suegro Sam Walton y su hermano Santiago en 1962. Hoy Wal-Mart tiene ventas de $ 405 mil millones, y emplea a más de 2,1 millones de personas. La fortuna de Christy Walton asciende a 26.5 mil millones de dólares.

**No olvidemos que: "Riqueza es el producto de la capacidad del hombre de pensar." (Ayn Rand.)**

**Las posibilidades están al instante en que tu mente lo crea, lo quiera y lo busque. Sé un artista, actor aquí te doy un par de nombres de los artistas más famosos para que los estudies y saques cualquier beneficio.**

Al Pacino, Alec Baldwin, Andy García, Anthony Hopkins, Antonio Banderas, Arnold, Schwarzenegger, Ben Affleck, Benicio del Toro, Brad Pitt, Bruce Willis, Carmelo Gómez, Christian Slater, Clint Eastwood, David Beckham, David Duchovny, Eduardo Noriega, Ethan Hawke, Ewan McGregor, Fernando Alonso, Freddie Mercury, Gene Hackman, Harrison Ford, Harvey Keitel, Javier Bardem, John Travolta, Juan Pablo Montoya, Kevin Costner, Kevin Kline, Luis Figo, Leonardo DiCaprio, Mel Gibson, Michael Douglas, Michael Schumacher, Morgan Freeman, Nicolás

Cage, Pau Gasol, Paul Newman, Pedro Almodóvar, Pedro Martínez de la Rosa, Richard Gere.

La verdad más sencilla de entender es que todo es posible con el Código De Toda Posibilidad, esta breve lista de personajes *en diferentes índoles* que han bendecido, ayudado, dirigido y persuadido o impactado equivocadamente a la humanidad consciente o inconscientemente hicieron uso del Código que todos pueden saber, pueden entender y pueden aplicar, el tipo de resultados no depende del tiempo en que se vive, dinero que se tiene o no, educación convencional, familia con o sin estatus social, depende de nosotros.

En realidad para todo ser creado la meta es: "Algo, mejor", es el santo y seña de la educación, la ley de toda vida verdadera." (La Educación pg. 296.)

Que este libro te haya ayudado a pensar diferente, motivado a actuar diferente y enseñado que *"El Código De Toda Posibilidad"* está en ti, eres tú, es tu alma, es tu poder, es tu mente, es tu voluntad, es tu deseo, es tu decisión, es tu elección, es tu aventura, es tu determinación, es tu hábito, es tu disciplina, es tu idea, es tu pensamiento, y lo más hermoso es que no cuesta nada, pero insisto en que la clave del Código de Toda Posibilidad y sus grandes resultados radica en la verdad que debe saberse, aceptarse y emplearse.

Este código es el que ha permitido grandes exitosos, triunfantes, victoriosos, prósperos, capaces maestros, lideres, ejecutivos, comerciantes, ministros, políticos, esposos, hijos, estudiantes, empresarios, pilotos, millonarios, artistas, pintores, escritores, cristianos, escultores, cómicos, cocineros, etc., etc., etc. pero *sobre todo excelentes y benéficos humanos*.

Te brindo una lista de nombres que no sería pérdida de tiempo investigar sus biografías, su historia, sus retos, logros, fracasos, errores y lamentaciones como felicidades y éxitos. Escoge por lo menos uno y verás cómo el poder de la mente se activará en ti. Hazte amigo de la lectura y serás feliz, soñador, realizado y productivo.

**Conoces a:**

(Dr.) Abdul K Azad, (Dr.) Zakir Hussain, A. Pushkin Unofficial , Abdul Gaffar Khan, Abraham Lincoln, Al Gore, Alan Clark, Alan K. Simpson, Andrew Jackson, Anne Campbell, Arnold Schwarzenegger, Arun Jaitley, Ashok Chavan, Aung San Suu Kyi, Bal Thackeray, Bart Stupak, Benazir Bhutto, Bill Clinton, Boris Yeltsin, Carol Moseley Braun, Chandra Shekhar, Chandrika Kumaratunga, Chris Dodd, Clement Attlee, Colin Powell, David Paterson, Dean Acheson, Dharmendra Diana, Princess of Wales, Dilip Kumar, Ehud Olmert, Eleanor Roosevelt, Eric Massa, Fidel Castro, Gary Hart, Gloria Arroyo, Golda Meir, Gordon Brown, Govinda, Henryk Sienkiewicz, Hillary Rodham Clinton, Hosni (Muhammad) Mubarak, Indira Gandhi, Isabel Perón, J. Jayalalithaa, Jacob Zuma, Jairam Ramesh, Jakaya Mrisho Kikwete, Jawaharlal Nehru, Jaya Bachchan, Joe Biden, John Edwards, John Fitzgerald Kennedy, John Jay, John Major, John McCain, Joseph McCarthy, K.G.Balakrishnan, Kanshi Ram, Karl Rove, Kocheri Raman Narayanan, Kocheril Raman Narayanan, Konrad Adenauer, L K Advani (Lal Krishna Advani), Lal krishan advani, Lalit Suri, M. Karunanidhi, Madeleine Albright, Mahatma Gandhi, Mamadou Tandja, Manohar Joshi, Mao Zedong, Margaret Thatcher, Mayawati, Megawati Sukarnoputri, Michelle Obama, Mohamed Anwar el-Sadat, Mohammad Azharuddin, Muhammad Ali Jinnah, Mulayam Singh Yadav, N. Chandrababu Naidu, Narayan Rane, Nelson Mandela, Nicolas Sarkozy, Nitin Gadkari, Pranab Mukherjee, Pratibha Devisingh Patil, Rahul Bajaj, Rahul Gandhi, Rahul Mahajan, Salvador Allende, Sarath Fonseka, Scott Brown, Sharad Pawar, Shashi Tharoor, Shatrughan Sinha, Sheila Dixit, Shibu Soren, Sirimavo Bandaranaike, Smriti Irani, Somnath

Chatterjee, Sonia Gandhi, Spiro Agnew, Subhash Chandra Bose, Sunil Dutt, Suresh Kalmadi, T. Nagi Reddy, Tarja Halonen, Ted Stevens, Tony Charles Lynton Blair, Tony Curtis, Ujjal Dosanjh, Urho Kekkonen, Vaclav Klaus, Vaira Vikis-Freibergs, Vakkom Majeed, Vallabhbhai Patel, Varun Gandhi, Vasantdada Patil, Vijay Mallya, Viktor Yushchenko, Vilasrao Deshmukh, Vladimir Putin, Vyacheslav Molotov, William Joyce, William Massey, Winnie Madikizela-Mandela, Winston Churchill, Wu Yi,. Y. S. Rajasekhara Reddy (YSR), Yahya Jammeh, Yitzhak Rabin, Yuan Shikai, Yuan Shikai, Yukio Mishima, Yuri Andropov, Zbigniew Brzezinski, Zulfikar Ali Bhutto , etc, etc, etc.

Así que he hecho mi parte en traerte *"El Código"* que descubrí un día en el que me preguntaba porque unos triunfan, logran, tienen y otros fracasan, se quejan y no tienen nada ni el deseo de vivir. Ese día nací de nuevo al encontrar el "Código De Toda Posibilidad" (el poder de la mente.) Lo que más me asombró, me dio vergüenza pero me recupere de tal sorpresa es que es gratis y muchos se han hecho millonarios disfrazándolo de "producto de universidad" o "misterio" y "difícil", el valor que tiene esta encapsulado en mi formula que reza - tú saber, aceptación y acción. Razón tubo (Arthur C. Clarke) al decir: "La única manera de descubrir los límites de lo posible es ir más allá hasta lo imposible."

***"El Código De Toda Posibilidad"*** está experimentado por mí mismo, al momento de escribir este libro tengo 32 años de edad y debes saber que me llevó ***menos de dos meses escribirlo*** – ni siquiera días completos pues mi agenda está siempre llena al dedicarme por profesión al evangelismo, conferencias y seminarios alrededor del mundo.

Este libro empezó con un pensamiento, se formó una idea y dio sus primeros pasos en una nota que escribí un día que alguien me escuchó sobre un tema - el poder de la mente. Fue logrado durante viajes **en el avión, *en* estaciones de bus, *en los* taxis, *en los*** restaurantes durante mis viajes, *en las frías* madrugadas, y momentos después de cumplir con mis deberes habituales.

Gracias a este Código hoy soy un escritor. "El Código De Toda Posibilidad" lo escribí después de haber escrito cuatro libros en años anteriores sin haber descubierto este código pero que ya lo practicaba. 1 "Como Joven Cristiano Caí Pero Me Levanté," (2005.) 2 "La Verdad Profética, Estudios Bíblicos," (2000 -2003.) 3 "El Líder Gladiador" (2008.) 4 "El Noviazgo Cristiano" (2010.)

Gracias a esta verdad que creo, enseño y vivo, desde mis 12 años de edad por razones inesperadas y enfermedad de mi padre tomé responsabilidad económica de mi familia, 4 hermanos y padres por más de 14 años hasta que mis hermanos crecieron, algunos llegaron a ser profesionales. *El Código de toda Posibilidad* hace milagros divinos con los verdaderos esfuerzos humanos.

Decidí buscar algo nuevo en mi vida a los 15 años y llegué a Estados Unidos sin dinero, familia o trabajo. Desde el día que pisé tierra norteamericana he trabajado y rara vez no lo he hecho por enfermedad si es que ha habido un día que no he trabajado. El Código de Toda Posibilidad no acepta obstáculo, situación, convierte un No en un Si se puede. Las excusas son estúpidas y jamás aceptables para él.

En el organismo que represento hoy día Universal Publishing Association (UPA) he llegado a la posición más grande que en la organización se puede alguna vez obtener la posición de *vicepresidente*, llegué a ser el vicepresidente en el año (2007 – 2008) muy, muy pocos han alcanzado esta posición desde que existe la organización. Esta es una organización de alcance mundial *y como hispano he sido el primero en ser vicepresidente y el más joven,* **lo logré a mis 29 años** *gracias a Dios y al "Código De Toda Posibilidad."* No fue un accidente, no fue al azar todo lo contrario un día lo pensé, un día lo quise, un día elegí, un día decidí y me propuse y un día lo logré.

Muchísimos no entienden que todo lo que piensas, deseas y aspiras de verdad es alcanzable, posible y creable, aún creo firmemente que todo es recreable si has fracasado. Además por elección propia acepté el llamado a ser líder en mis 15 años de vida y he estado involucrado liderazgo activo, como un miembro del Concilio Ejecutivo - el grupo de 7 líderes que dirige la organización, esto por toda una década desde mis 20 años. También he sido director ejecutivo por varios años del Departamento Hispano mundial comenzando a mis 18 años de edad.

He visitado varios continentes en varias ocasiones en una sola década desde mis 20 a los 30 años de edad. He ayudado a expandir a la organización que represento en más de una decena de países extranjeros y estados en Estados Unidos *donde no había presencia alguna*. Comencé desde cero a mis 15 años sin mucha educación profesional, títulos o el idioma inglés a grandes resultados y logros hoy en el (2011.)

Deseo que sepas que no soy universitario y de paso fui el peor de todos en lo que es la educación convencional en mis primeros años. No vengo de una familia acaudalada, no tuve tutores para llegar a donde he llegado pero si la gran bendición de *conocer el poder que Dios ha puesto en el ser humano* **El Código de Toda Posibilidad** desde que nace y lo que digo con convicción es que lo he descubierto y utilizado. Amo los libros, me encanta la reflexión, la meditación, soy un amante del pensar y analizar de todo. Cuando pienso algo y quiero lograrlo solo lo planteo, persigo y gracias a Dios lo obtengo.

Hoy soy bilingüe y lo más interesante es que aprendí inglés, hablarlo y escribirlo sin ir a la escuela en menos de un año (1995) bajo el poder de un deseo, el deseo de aprender y ser una bendición en la vida. Gracias a esto las circunstancias me han dado la bendición de volverme un traductor del inglés al español en grandes eventos. Esta verdad que enseño aquí me ha formado a mí y te puede hacer o recrear a ti también si así lo aceptas y deseas apasionadamente.

Aunque no soy universitario o sea no goce de un periodo de educación convencional creo que toda información o educación tiene un papel en la vida de cada individuo. En contra de muchos obstáculos he podido auto educarme con cientos de libros que leo en su mayoría en intervalos de 10 -15 minutos que no puede ser más que en tiempos que llamo "libres". También he asistido a "La Universidad Ambulante" como le llamo Zig Ziglar por medio de audio libros al conducir mi auto, al estar realizando un trabajo manual, haciendo ejercicio o al estar ocupado en mi jardín en casa.

Con grandes esfuerzos mi padre me proveyó la primaria pero no fui lo mejor, pero lo logre. Por mis propios esfuerzos he sacado mi secundaria y preparatoria en escuelas de adultos y lo más interesante es que ha sido por la noche ya que en el día he tenido que trabajar. He estudiado con ahínco lo que es el liderazgo, oratoria, psicología, y economía. Dentro de todo el trajín de la vida y esta manera maravillosa en que he podido vivir también he tomado cursos por correspondencia consistentemente. En el presente estudio administración de empresas. Las conferencias, seminarios y cualquier curso en vivo o vía internet sobre estos temas son mis "hobbies".

Mi vida aún no ha terminado y en el resto de mis años deseo ir mucho más lejos literalmente, simbólicamente, creativamente, realizando más cosas, honrar a Dios con Toda La Capacidad que me ha dado y demostrar que no vine al mundo a ver, ser la sombra de otros sino a bendecir y dirigir hacia un lugar mejor por mis propias y únicas capacidades en unión a todas las demás que cada uno de ustedes tiene para bendecir y producir en favor de nuestro mundo. Juntos hacemos mejor al mundo y traemos esperanza en tiempos tan terribles y desalentadores como estos.

Si algo deseo dejar claro es que creo y te invito que tú lo hagas también pues **la mente tiene poder y combinada con el poder de Dios hace milagros, realidades, oportunidades, privilegios y grandes siempre grandes resultados.**

Si una persona puede realizar tanto, entonces que no podemos lograr juntos. "Nosotros nos levantamos por nuestros pensamientos, nosotros ascendemos sobre la visión de nosotros mismos." (Orison Sweet Marden.) Renovemos nuestro paradigma, seamos lo que queremos y busquemos nuevos y lejanos horizontes.

Si he logrado que leas hasta aquí entonces es de mucho valor el contenido de este libro. Si te he inspirado entonces la mente tiene poder. Dios te bendiga y utilice mientras empiezas o sigas pensando activamente y utilizando apasionadamente el "Código de Toda Posibilidad" que está en cada ser humano por dictamen Divino (El Poder De La Mente.)

Desde que descubrí el "Código de Toda Posibilidad" escribí mi misión de vida y es la siguiente:

**"Servir a la humanidad, ayudándola a tener nuevos paradigmas mental, espiritual, emocional y físico. Inspirar un mejor y productivo futuro ayudándoles a vivir un presente con sentido."**

Llámame, escríbeme, dame tus comentarios de lo que este libro te ha ayudado, inspirado o motivado es o fue para ti, será una bendición escuchar pronto de ti.

Así que te dejo con una cita de (Elena de White) que encierra todo lo que podría decirte para concluir. **"Todo tu futuro estará influenciado para bien o para mal por la senda *que tu elijas recorrer ahora.*" (Mente Carácter y Personalidad tomo 2 pg. 435.)**

¡Aquí está tu oportunidad de un Nuevo Comienzo, Empieza, Tú lo puedes,

# ¡HAZLO, USA TU MENTE!

"Mientras unos duermen los grandes hombres de Dios oran y se forman, las grandes empresas se logran, las ideas se transforman" Miguel Martin

# *Sobre El Autor*

El autor es un orador internacional sobre temas religiosos, liderazgo, salud y motivación por los últimos 20 años y autor de varios libros como: La Verdad Profética, Como Joven Cristiano Caí Pero Me Levante, El Código De Toda Posibilidad, El Líder Gladiador, El Noviazgo Cristiano, El Poder De La Disciplina, El Poder De Pedir.

Conozca más sobre Miguel Martin y reciba más información y entrenamiento gratuito en su página web **www.miguelmartin.info**

Correo postal escriba a:
Miguel Martin
13722 Vida Ln.
Dallas Texas, 75253

www.ingramcontent.com/pod-product-compliance
Lightning Source LLC
Chambersburg PA
CBHW061440300426
44114CB00014B/1772